유창한 아이,
유연한 부모

말더듬 직접치료 프로그램 &
가정연계 부모교육 프로그램

유창한 아이, 유연한 부모
말더듬 직접치료 프로그램 & 가정연계 부모교육 프로그램

초판 1쇄 발행 2024년 9월 3일

지은이   김보영, 최지원
편 집   김은예
펴낸이   박요한

펴낸곳   도서출판 봄비와씨앗
주소   세종특별자치시 한누리대로 411, KT&G 세종타워A 6층
전화   044)862-1365
출판등록 제25100-2019-000011호
구매처   bombi-books.co.kr

ISBN   979-11-91642-68-1

 더 많은 봄비와씨앗의
교재와 전자북을 구매할 수 있습니다.

* 이 책은 저작권법에 따라 보호받는 저작물이므로 무단 전재와 복제를 금합니다.
* 잘못된 책은 구입처에서 바꿔 드립니다.
* 책값은 뒤표지에 있습니다.

저자서문

　말더듬 치료 사례를 만나는 언어치료사의 어려움에 대해 현장에서 경험해 왔습니다. 말더듬 케이스를 맡게 되면 어려운 케이스라는 생각이 먼저 떠오르곤 했었고, 어떻게 치료해야 하는지에 대한 막막함을 저 또한 느껴왔습니다.

　긴 시간 현장에서 여러 영역의 치료사들과 아동들을 만나며 말더듬 아동을 치료할 때는 외현화된 말더듬 행동뿐만이 아닌 부모에 대한 교육이 꼭 필요하다는 것을 깨닫게 되었습니다.

　심리적인 요인으로 인해 발생하는 경우가 많았고, 부모교육이 함께 이루어지는 것이 말더듬 소거를 위한 필수 교육이며 본질적인 치료의 핵심이라는 것이 16년 차 언어치료사인 저의 결론에 도달했습니다.

　말더듬 치료에 어려움을 겪는 언어치료사와 심리치료사, 말더듬 증상으로 어려움을 겪는 아동 및 부모님들에게 도움이 되길 바라는 마음으로 이 교재를 만들게 되었습니다.

　감사하게 인연이 된 저의 동료이자 소울 메이트인 희린아동청소년발달센터 부원장님은 17년 차 심리치료사 부모교육 전문가로 함께 이 교재를 개발하게 되었습니다.

// **김보영** //

　실제 임상 장면에서 많은 말더듬 증상 아동을 만나면서, 심리상담사로서도 말더듬증상은 한 영역에 문제로 볼 것이 아니라 다양한 영역으로 다루어져야 함을 체감하였습니다.

　대부분 언어치료로 시작하였다가 심리치료로 함께 통합적인 치료를 하는 경우가 많이 발생하면서, 본 센터의 센터장님과 함께 말더듬 증상을 보이는 아동에 관하여 많은 사례 회의를 하게 되었습니다. 그렇게 아동에게 말더듬 직접치료 프로그램과 더불어, 가정과 연계하여 아동의 심리 및 부모 자녀관계를 함께 다루기 위해 가정연계프로그램을 만들게 되었습니다.

　실제로 아동과 가족에게 적용해 보았을 때, 아동 대상 직접치료만 적용했을 때보다 가정연계프로그램을 함께 적용해 보았을 때, 증상의 완화 및 소거, 가족 간의 긍정적 관계 개선에 있어 효과성을 체험할 수 있었습니다.

　늘 열정적으로 사례를 나누고, 뜻을 모은 김보영원장님께 감사를 드리며, 지금도 현장에서 늘 고민하고, 연구하고, 애쓰는 많은 치료사들과 자녀를 양육하시는 부모님께 조금이나마 보탬이 되길 바라는 마음으로 본 교재를 개발하였습니다.

// **최지원** //

 **목차**

말더듬 직접치료 프로그램

1회기 말더듬이 뭐야? 유창한 것이 뭐야?
10p
- 말더듬 & 유창성의 정의 알기
- 말의 속도 인식하기
- 자기소개하기

2회기 말더듬이 왜 나타나는 거야?
16p
- 말더듬 원인에 대해 알아보기
- 말의 강약 인식하기
- 나의 가족 소개하기

3회기 나의 말더듬 모습은 어떨까?
20p
- 말더듬 핵심 행동
- 말의 속도와 강약을 변별여 말하기
- 말의 속도와 강약을 변별여 감정 표현하기

4회기 유창하게 말하고 싶어요
24p
- 편안하게 말하는 방법
- 무엇일까? 맞춰봐!

5회기 단어를 편안하게 말할 수 있어요
30p
- 그림 보고 조절하여 말하기
- 글자 보고 조절하여 말하기

6회기 짧은 문장을 편안하게 말할 수 있어요
32p
- 그림 보고 조절하여 말하기
- 글자 보고 조절하여 말하기

7회기 긴 문장에서 편안하게 말할 수 있어요
34p
- 그림 보고 조절하여 말하기
- 글자 보고 조절하여 말하기

8회기 대화하면서 편안하게 말할 수 있어요
36p
- 이상한 곳 찾기
- 원인과 결과 이야기하기

9회기 토론하며 편안하게 말할 수 있어요
46p
- 이야기 파티

10회기 편안하게 말하는 방법을 수료 하였어요
50p
- 마지막 이야기 나누기
- 말하기 방법 수료증

가정연계 부모교육 프로그램

1회기 말더듬에 대한 이해와 문제의 객관화
66p
- 말더듬정의 및 장애를 이해하기
- 아동관찰, 증상체크

2회기 부모로써, 나는 어떻게 말하고 있을까?
70p
- 부모의 자기인식
- 자기관찰1 - 부모의 말

3회기 우리 아이는 어떻게 말하고 있을까?
72p
- 자녀의 말인식
- 자녀관찰1 - 자녀의 말

4회기 부모로써, 내가 느끼는 감정은?
74p
- 부모의 자기인식
- 자기관찰2 - 부모의 감정

5회기 우리 아이가 느끼는 감정은?
78p
- 자녀의 감정인식
- 자녀관찰2 - 자녀의 감정

6회기 부모로써, 아이를 대하는 나의 태도는?
82p
- 부모의 자기인식
- 자기관찰3 - 부모의 태도, 가치

7회기 우리 아이 있는 그대로 바라보기
86p
- 부모자녀소통1 - 비언어적소통
- 관계재형성

8회기 사랑의 마일리지 적립하기
88p
- 부모자녀소통2 - 언어적, 비언어적소통
- 사랑의 표현

9회기 솔직하게 말해요
90p
- 부모자녀소통3 - 언어적소통
- 듣기와 말하기 연습
- 부탁과 거절하기 연습

10회기 나는야, 긍정소통 왕!
92p
- 긍정소통선언문
- 칭찬하기, 소감 나누기
- 상장

📖 적용대상

✓ 7세 이상 직접치료가 필요한 아동
✓ 4 ~ 6세 발달성 말더듬이 나타난 아동의 부모
✓ 유아기 ~ 학령기 아동과 부모

말더듬 직접치료 프로그램의 대상은 7세 이상 직접치료가 필요한 아동으로 선정하였습니다. 단, 가정연계 프로그램에 있어서는 유아기부터 적용이 가능합니다. 유아기부터 증상이 시작된 경우가 많지만, 실제 유아기에는 증상이 자연 소거되거나, 부모님이 문제 의식도가 낮다가 학령기에 들면서 센터를 방문하거나 치료에 적극적인 의지를 보이는 경우가 많습니다.

가족 간에 긍정적 감정표현이 서툰 경우, 아동의 말더듬 치료 진전에 있어 어려움을 겪는 사례가 많기 때문에 가족관계의 소통 및 부모의 자기 인식을 향상할 수 있는 프로그램을 접목하여 아동 및 부모, 가족을 대상으로 적용하였습니다.

활용방안

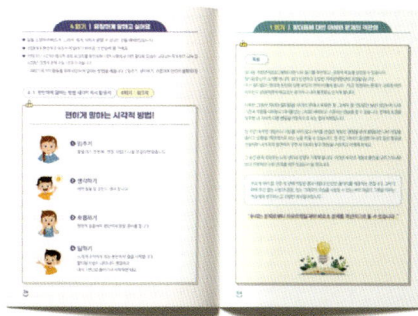

- 말더듬 직접치료 프로그램은 1회기부터 10회기까지 차례대로 치료수업을 진행합니다.

- 각 회기의 워크지를 바로 활용할 수 있고 1회기의 직접치료 프로그램과 1회기 부모연계 프로그램을 동시에 함께 진행할 수 있습니다.

- 아동의 진전도에 따라 5~10회기는 2회 또는 3회 반복하여 실시하여도 괜찮습니다.

- 부모교육프로그램은 1회기부터 10회기까지 차례대로 진행하는 것을 권장합니다.

- 한 회기에서 충분히 워크지 작성이 어렵거나 부모 인식이 어려운 경우, 한 회기를 반복적으로 진행하고 다음 회기로 진행하는 것이 좋습니다.

==무엇보다 아이를 있는 그대로 받아들이는 연습, 부모이기 전에 자신을 이해하는 연습, 충분히 들어주는 연습, 아이의 말더듬에 집중하지 않는 것과 가족 간의 긍정적인 소통이 가장 중요함을 기억하며 이 프로그램을 진행해 갑니다.==

- 언어치료사 및 심리치료사가 함께 활용할 수 있으며 부모님이 직접 부모교육 프로그램을 스스로 실시해 볼 수 있습니다.

유창한 아이,
유연한 부모

말더듬 직접치료 프로그램 &
가정연계 부모교육 프로그램

말더듬
직접치료 프로그램

이 프로그램은 언어치료사들이 사용할 수 있도록 설계되었으며,
심리적 측면과 부모 참여를 포함한 종합적인 접근을 목표로 합니다.

1

1 회기 | 말더듬이 뭐야? 유창한 것이 뭐야?

❤ 유창한 것과 말더듬의 정의를 알아보고 유창하게 말하는 방법을 하나씩 알아볼 거예요.
❤ 우리는 모두 말을 조절하여 유창하게 말할 수 있어요.
❤ 말하기 10단계를 통해 유창하게 말하는 방법을 알아보고 워크지를 이용해서 1단계부터 시작해 볼게요.

1-1. 말더듬 & 유창성의 정의 알기

❶ 말더듬

말더듬(stuttering)은 말을 할 때 음절이나 단어를 반복하거나 끊어서 말하거나 발음하는 것을 말해요.

- **반복**: 예를 들어, "어어어엄마"와 같이 음절반복이나 "엄마엄마엄마"와 같은 단어 반복이 있어요.
- **연장**: 예를 들어, "어~~~~~~엄마"와 같이 음절을 연장하며 말하는 것이에요.
- **막힘**: 말을 하려고 할 때 잠시 멈추거나 호흡이 멈추는 것을 말해요.

이러한 현상들은 말더듬의 주요 형태들이며, 말더듬이 있을 때 개인마다 나타나는 형태와 정도가 다를 수 있어요.

❷ 유창성의 정의

유창성(chutzpah)은 특정 상황에서 말이 자연스럽고 자신감 있게 말하는 것이에요. 예를 들어, 어려운 상황에서도 반복, 연장, 막힘이 없이 당당하게 자신의 생각이나 의견을 말하는 거예요.

1-2. 말의 속도 인식하기 | 1회기 | 워크지

말의 속도 인식하기

🔔 **활동방법**

우리는 속도를 조절하여 말할 수 있어요. 빠르거나 느리게 말하는 방법을 알아보고 함께 말해보세요.

♡ 말의 속도 인식하기 워크지를 제시하여 시각적으로 속도에 대해 인식하며 말해 보세요.

♡ 시각적으로 인식한 뒤 치료실 내에 일어서서 자동차 빨리 굴리기, 느리게 굴리기, 공을 빠르게 굴리기, 느리게 굴리기 등의 활동을 통해 빠르고 느린 감각에 대해 확인하는 활동을 해보세요.

   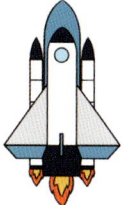

   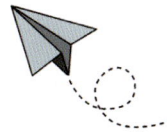

1 회기

1-3. 자기소개하기 워크지 | 1회기 | 워크지

자기 소개하기

🔔 **활동방법**

자기소개 워크지를 작성하며 라포 형성하고 서로 자신을 소개한 활동을 하며 말의 속도를 조절해 보며 이야기해 봅니다.

♡ 치료사가 먼저 자기소개서를 빠르게 / 느리게 말하기 모델링 보인 후 대상자가 자기소개지 작성한 것을 빠르게 / 느리게 말하기 활동을 합니다.

♡ 말의 속도 인식하기 성공했다면 **말하기 1단계**에 스티커 붙이기, 도장 찍기, 체크 표시하기 등 성공을 시각적으로 피드백 받습니다.

유창한 아이, 유연한 부모

말하기 10단계 | 1

🔔 **활동방법**

♡ 한 회기씩 활동을 한 후 말하기 방법을 배우고 성공하면 체크박스에 체크하세요.

♡ 시각적으로 향상되는 피드백을 받으며 성공 경험을 쌓을 수 있어요.

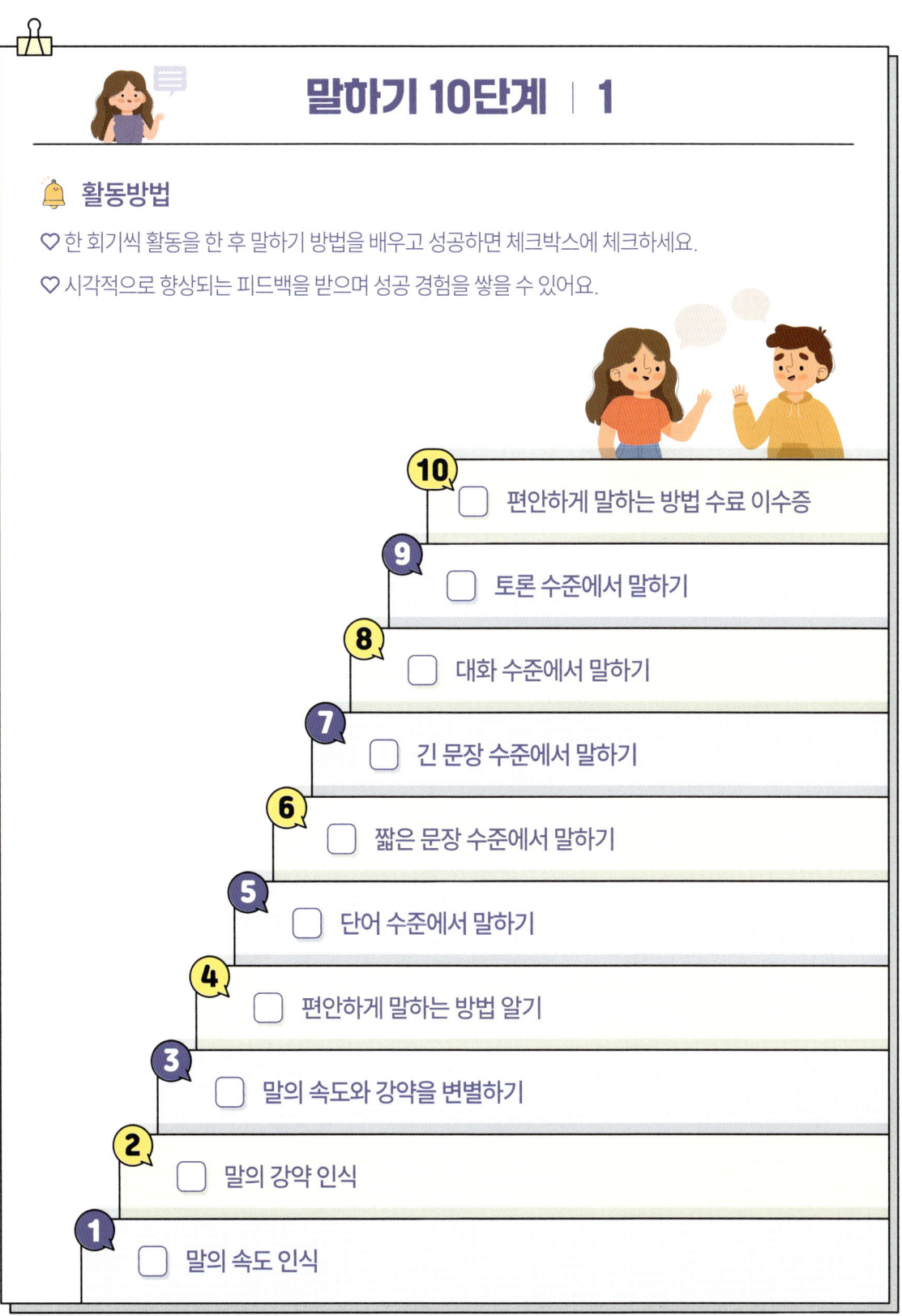

10. 편안하게 말하는 방법 수료 이수증
9. 토론 수준에서 말하기
8. 대화 수준에서 말하기
7. 긴 문장 수준에서 말하기
6. 짧은 문장 수준에서 말하기
5. 단어 수준에서 말하기
4. 편안하게 말하는 방법 알기
3. 말의 속도와 강약을 변별하기
2. 말의 강약 인식
1. 말의 속도 인식

1 회기

말하기 10단계 | 2

🔔 활동방법
♡ 한 회기씩 활동을 한 후 말하기 방법을 배우고 성공하면 체크박스에 체크하세요.
♡ 시각적으로 향상되는 피드백을 받으며 성공 경험을 쌓을 수 있어요.

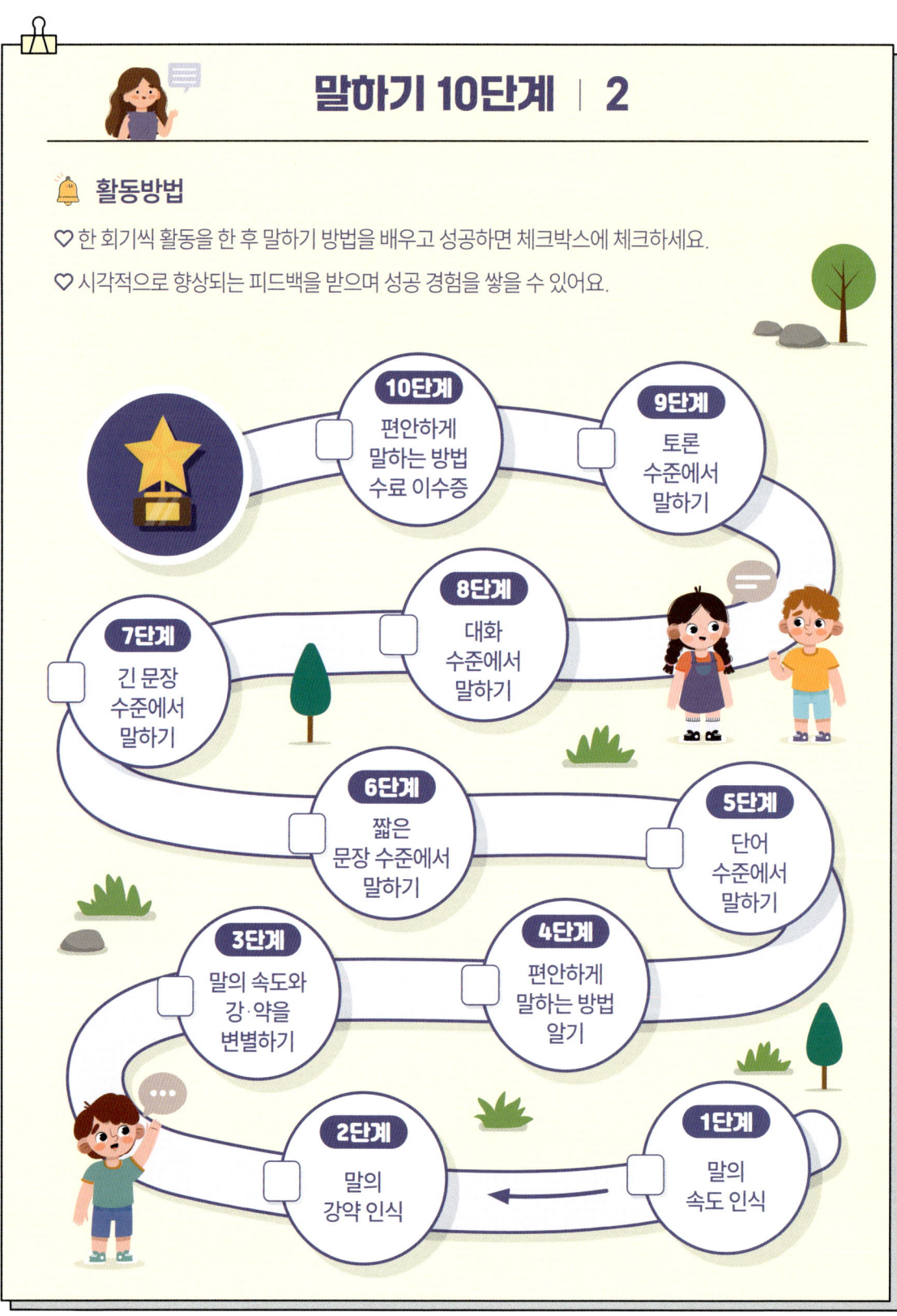

- 10단계: 편안하게 말하는 방법 수료 이수증
- 9단계: 토론 수준에서 말하기
- 8단계: 대화 수준에서 말하기
- 7단계: 긴 문장 수준에서 말하기
- 6단계: 짧은 문장 수준에서 말하기
- 5단계: 단어 수준에서 말하기
- 4단계: 편안하게 말하는 방법 알기
- 3단계: 말의 속도와 강·약을 변별하기
- 2단계: 말의 강약 인식
- 1단계: 말의 속도 인식

말하기 10단계 | 3

🔔 **활동방법**

♡ 한 회기씩 활동을 한 후 말하기 방법을 배우고 성공하면 체크박스에 체크하세요.
♡ 시각적으로 향상되는 피드백을 받으며 성공 경험을 쌓을 수 있어요.

10 단계	☐ 편안하게 말하는 방법 수료 이수증	
9 단계	☐ 토론 수준에서 말하기	
8 단계	☐ 대화 수준에서 말하기	
7 단계	☐ 긴 문장 수준에서 말하기	
6 단계	☐ 짧은 문장 수준에서 말하기	
5 단계	☐ 단어 수준에서 말하기	
4 단계	☐ 편안하게 말하는 방법 알기	
3 단계	☐ 말의 속도와 강약을 변별하기	
2 단계	☐ 말의 강약 인식	
1 단계	☐ 말의 속도 인식	

2 회기 | 말더듬이 왜 나타나는 거야?

❤ 말더듬이 왜 나타나는 것인지 원인에 대해 알아보고 나의 원인은 무엇으로부터 시작된 것인지 생각해 보고 이야기 나누어 보세요.
- 말더듬 원인을 대상 아동이 스스로 읽는 활동을 해도 좋습니다
- 첫 회기부터 라포형성이 오래 걸리는 아동은 치료사가 읽어주며 원인에 대해 이야기해 봅니다.

2-1. 말더듬 원인에 대해 알아보기

❶ **진단착오이론** 정상적인 유창성에 대해 부모나 주변 사람들이 과도한 반응을 하거나 지적하게 될 때 아동의 말더듬이 시작된다고 봅니다.

❷ **유전 및 가계요인** 가족 중 가계력이 있는 아동이 가계력이 없는 아동 보다 말 더듬을 확률이 높다는 연구 보고가 있습니다.

❸ **언어발달 요인** 아동의 언어가 급속하게 발달하는 시기 2~5세에 많은 양의 언어 인지개념을 습득하면서 문장을 표현하기 위해 시간을 벌기 위해 반복, 수정, 간투사 사용 등의 정상적인 비유창성을 보일 수 있다고 합니다.

❹ **정서적 요인** 갑작스러운 환경적 사건이나 정서적으로 충격적인 사건, 아동의 기질 등으로 인해 말더듬이 생길 수 있다고 합니다. (동생이 생기거나, 이사, 부모의 죽음 등)

❺ **요구·용량 이론** 아이의 현재 언어, 정서, 운동 및 인지 용량에 비해 외부에서 더 높은 능력을 요구한다면 비유창성이 나타날 수 있다고 합니다. (아직 인지하지 못하는 개념에 대한 질문, 복문을 말해야 하는 질문 등)

2-2. 말의 강약 인식하기 | 2회기 | 워크지

말의 강약 인식하기

 활동방법

우리는 강약을 조절하여 말할 수 있어요. 세게, 약하게 말하는 방법을 알아보고 함께 말해보세요.

♡ 2회기 워크지를 대상 아동에게 제시하여 시각적으로 강약에 대해 인식하며 말해 보세요.

♡ 시각적으로 인식 한 뒤 치료실 내에 일어서서 공을 세게 치기, 살살 치기, 클레이 세게 뭉치기, 살살 뭉치기 등의 활동을 통해 세고 약한 감각에 대해 확인하는 활동을 해보세요.

2 회기

 2회기 | 워크지

2-3. 나의 가족 소개하기

나의 가족 소개하기 | 1

 활동방법

♡ 가족 소개 워크지를 작성하며 서로 자신의 가족을 소개하는 활동을 하며 말의 강약을 조절해 보며 이야기해 봅니다.

♡ 치료사가 먼저 가족 소개서를 세게 / 약하게 말하기 모델링 보인 후 대상자가 자기소개지 작성한 것을 세게 / 약하게 말하기 활동을 합니다.

♡ 말의 강약 인식하기 성공했다면 **말하기 2단계**에 스티커 붙이기, 도장 찍기, 체크 표시하기 등 성공을 시각적으로 피드백 받습니다.

나의 가족 소개하기 | 2

🔔 활동방법

♡ 가족 소개 워크지를 작성하며 서로 자신의 가족을 소개하는 활동을 하며 말의 강약을 조절해 보며 이야기해 봅니다.

♡ 치료사가 먼저 가족 소개서를 세게 / 약하게 말하기 모델링 보인 후 대상자가 자기소개지 작성한 것을 세게 / 약하게 말하기 활동을 합니다.

♡ 말의 강약 인식하기 성공했다면 **말하기 2단계**에 스티커 붙이기, 도장 찍기, 체크 표시하기 등 성공을 시각적으로 피드백 받습니다.

아빠
이름 : _____   나이 : _____
직업 : _____   성격 : _____

엄마
이름 : _____   나이 : _____
직업 : _____   성격 : _____

형 오빠
이름 : _____   나이 : _____
좋아하는 것 : _____   성격 : _____

언니 누나
이름 : _____   나이 : _____
좋아하는 것 : _____   성격 : _____

동생
이름 : _____   나이 : _____
좋아하는 것 : _____   성격 : _____

3 회기 | 나의 말더듬 모습은 어떨까?

- 말더듬 행동에는 여러 가지 종류가 있어요.
- 나는 어떤 모습에 해당하는지 찾아봅시다.

3-1. 말더듬의 핵심 행동

말더듬의 핵심 행동 종류를 확인하고 나의 모습에 해당하는 것에 체크해 봅시다.

유 형		정 의	체크
정상적 비유창성	주저	발화 사이에 나타나는 소리 없는 멈춤. 1~3초 정도의 침묵으로 별다른 얼굴의 질적양상이 나타나지 않는 경우	
	간투사	의미 전달 내용과 관계없는 낱말이나 구를 말하는 것으로 얼굴의 질적 양상이 나타나지 않는 경우 (예:어어-, 음-)	
	미완성 / 수정	발화 혹은 낱말을 끝맺지 않거나, 이미 산출한 말의 발음, 단어, 통사구조 등을 바꾸어 다시 말하는 경우	
	반복	다음절 낱말, 구, 어절 등을 1~2회 반복하되, 별다른 얼굴의 질적 양상이 동반되지 않는 경우	
비정상적 비유창성	주저 비정상적	막힘 전에 자주 발생하며, 3초 이상 주저함이 지속되거나 시각적 긴장과 같은 질적 양상이 동반되는 경우	
	간투사 비정상적	간투사를 3회 이상 반복하거나 간투사를 말할 때 시각적 긴장과 같은 질적 양상이 동반되는 경우	
	미완성 / 수정 비정상적	끝을 맺지 못한 발화 혹은 낱말, 또는 수정이 연속적으로 3회 이상 일어나거나, 시각적 긴장과 같은 질적 양상이 동반되는 경우	
	반복 1 비정상적	다음절 낱말, 구, 어절 등이 3회 이상 반복되거나 시각적 긴장과 같은 질적 양상이 동반되어 나타나는 경우	
	반복 2	낱말보다 작은 단위에서 일어나는 모든 반복을 포함하는 개념이다. 음소, 음절 부분, 음절, 낱말 부분의 반복이 이에 속한다 (예: 어어어엄마, ㅇㅇㅇ아까전에)	
	비운율적 발성	연장(소리와 공기의 흐름을 유지되나 조음기관의 운동이 멈추는 것), 막힘(공기 또는 목소리의 흐름 및 조음기관의 운동이 멈추는 것으로 특히 후두의 부적절한 근육 움직임이 동반되는 것), 깨진 낱말(낱말 내에서 나타나는 멈춤)을 포함한다.	

3-2. 말의 속도와 강약을 변별하여 말하기 — 3회기 | 워크지

 **말을 빠르게~ 느리게~ 조절 할 수 있어요 | 1**

활동방법

대상자와 함께 지난 시간에 배운 **빠르게** / **느리게** / 세게 / 약하게 말을 조절하는 연습을 합니다. 그 활동을 통해 말 조절 방법을 변별합니다.

♡ 워크지로 말을 조절하는 방법을 변별하는 활동을 합니다.

♡ 치료사가 먼저 자신의 이야기를 하면서 모델링 한 후 아동이 말하기 합니다.

♡ 말의 속도와 강약을 변별하기 성공했다면 **말하기 3단계**에 스티커 붙이기, 도장 찍기, 체크 표시하기 등 성공을 시각적으로 피드백 받습니다.

빠르다 / 느리다
- ✓ 오늘 재미있었던 일을 **빠르게, 느리게** 말해보세요.
- ✓ 지난 주말에 기억에 남는 일을 **빠르게, 느리게** 말해보세요.

빠르다 / 느리다
- ✓ 속상했던 일을 **빠르게, 느리게** 말해보세요.
- ✓ 화가 났던 일을 **빠르게, 느리게** 말해보세요.

3 회기

말의 속도와 강약을 변별하여 말하기 | 3회기 | 워크지

말을 세게~ 약하게~ 조절 할 수 있어요! | 2

🔔 활동방법

대상자와 함께 지난 시간에 배운 빠르게 / 느리게 / **세게 / 약하게** 말을 조절하는 연습을 합니다. 그 활동을 통해 말 조절 방법을 변별합니다.

♡ 워크지로 말을 조절하는 방법을 변별하는 활동을 합니다.

♡ 치료사가 먼저 자신의 이야기를 하면서 모델링 한 후 아동이 말하기 합니다.

♡ 말의 속도와 강약을 변별하기 성공했다면 **말하기 3단계**에 스티커 붙이기, 도장 찍기, 체크 표시하기 등 성공을 시각적으로 피드백 받습니다.

| **세게 약하게** | ✓ 오늘 재미있었던 일을 **세게, 약하게** 말해보세요.
✓ 지난 주말 기억에 남는 일을 **세게, 약하게** 말해보세요. |

| **세게 약하게** | ✓ 속상했던 일을 **세게, 약하게** 말해보세요.
✓ 화가 났던 일을 **세게, 약하게** 말해보세요. |

3-3. 말의 속도와 강약을 변별하여 감정표현 하기   3회기 | 워크지

나의 감정을 표현해요!

 활동방법

♡ 지난 일주일, 또는 오늘 하루, 지난 주말에 있었던 자신의 경험 중에 느꼈던 **감정 3가지**를 고르세요.

♡ 속도와 강약을 조절하며 경험과 감정에 대해 이야기합니다.

♡ **빠르게, 느리게, 세게, 약하게 조절**하여 말할 때의 느낌에 대해 이야기 나눕니다.

 : 느리게 말하니 편안하게 말이 잘 나왔어요.

✓ 지난 일주일, 또는 오늘 하루, 지난 주말에 느꼈던 **감정 3가지**를 고르세요.

✓ 선택한 감정을 느꼈던 자신의 경험을 이야기해 보세요.

✓ 감정에 대한 경험에 대해 이야기하며 말을 조절해 보며 이야기해 봅니다.

✓ 말을 조절하여 말해보며 각 방법으로 말할 때의 느낌에 대해 이야기 나눕니다.

4 회기 | 유창하게 말하고 싶어요

- 말을 조절하여 빠르게, 느리게, 세게, 약하게 말할 수 있다는 것을 배워보았습니다.
- 조절하여 편안하고 유창하게 말하기 위해 좀 더 연습해 볼 거예요.
- 먼저 지난 시간에 제시한 과제 워크지를 확인하며 어떤 상황에서 어떤 말더듬 모습이 나타났는지 이야기 나누고 느꼈던 감정에 관해서도 이야기 나눕니다.

4-1. 편안하게 말하는 방법 | 4회기 | 시각적 제시 활동지

편하게 말하는 시각적 방법!

❶ 멈추기
말을 하기 전 반복, 연장, 막힘이 나올 것 같다면 멈춥니다.

❷ 생각하기
어떤 말을 할 것인지 생각 합니다.

❸ 호흡하기
천천히 호흡하며 편안하게 말할 준비를 합니다.

❹ 말하기
느리거나 약하게 또는 편안하게 말을 시작합니다.
말더듬 모습이 나타나도 괜찮아요.
다시 1번으로 돌아가서 시작하면 돼요.

4-2. 무엇일까? 맞춰봐! | 4회기 | 워크지

무엇일까? 맞춰보세요! | 1

🔔 활동방법

- 4-1 워크지를 통해 배운 편안하게 말하는 방법을 이용해 게임합니다.
- 순서를 정한 뒤 그림을 정하고 상대방이 맞출 수 있도록 설명하세요.
- 설명을 하거나, 맞춰야 할 차례일 때 편안하게 말하는 방법을 사용하여 말합니다.
- 편안하게 말하기 성공했다면 **말하기 4단계**에 스티커 붙이기, 도장 찍기, 체크 표시하기 등 성공을 시각적으로 피드백 받습니다.

🌟 게임방법

- 그림들 중 한 가지 사물을 선택하여 마음속으로 생각하세요.
- 상대방이 사물을 맞출 수 있도록 설명하세요.
   - **예시** : 공부할 때 쓰는 물건이고 모양이 길어요.

| 김혜은, 『우리 아이가 말하는 어휘책 : **삽화 사용**』(봄비와씨앗 출판사, 2021.08)

무엇일까? 맞춰보세요! | 2

게임방법

♡ 그림들 중 한 가지 사물을 선택하여 마음속으로 생각하세요.

♡ 상대방이 사물을 맞출 수 있도록 설명하세요.

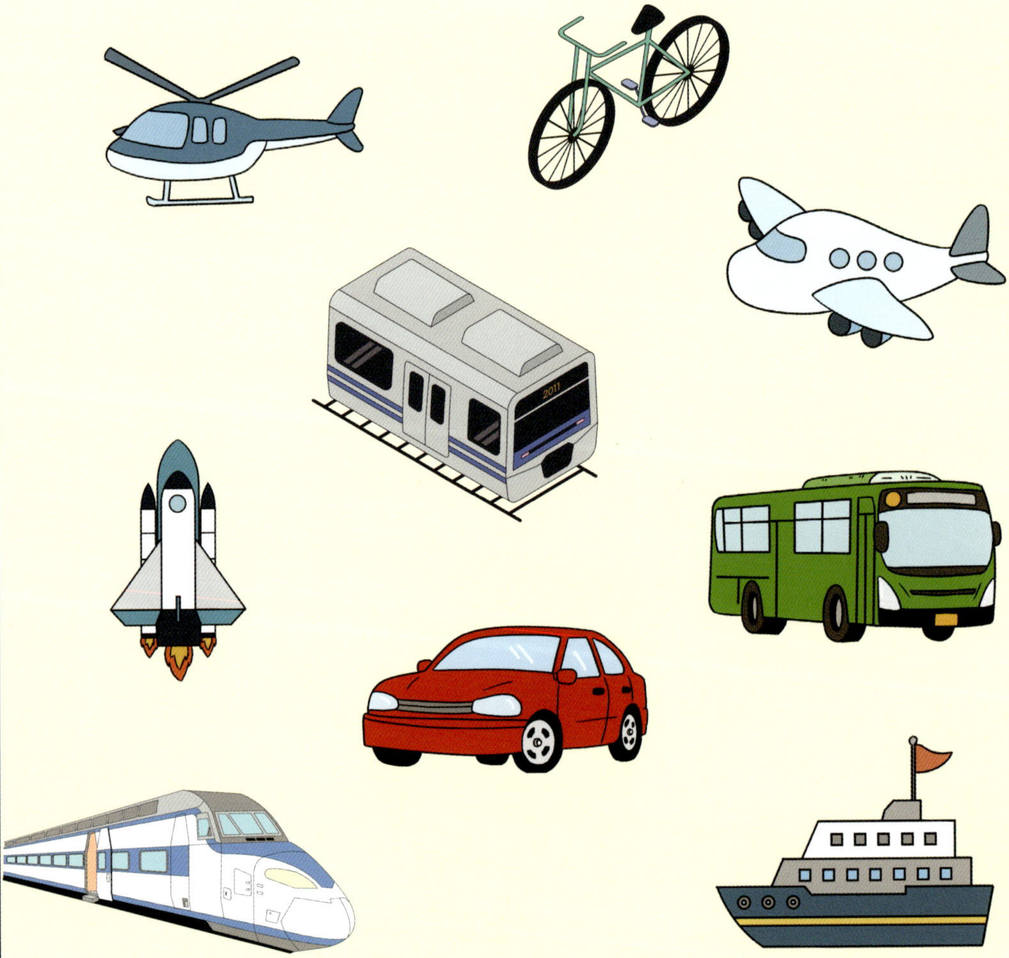

| 김혜은, 「우리 아이가 말하는 어휘책 : **삽화 사용**」(봄비와씨앗 출판사, 2021.08)

무엇일까? 맞춰봐! | 4회기 | 워크지

무엇일까? 맞춰보세요! | 3

게임방법

♡ 그림들 중 한 가지 사물을 선택하여 마음속으로 생각하세요.

♡ 상대방이 사물을 맞출 수 있도록 설명하세요.

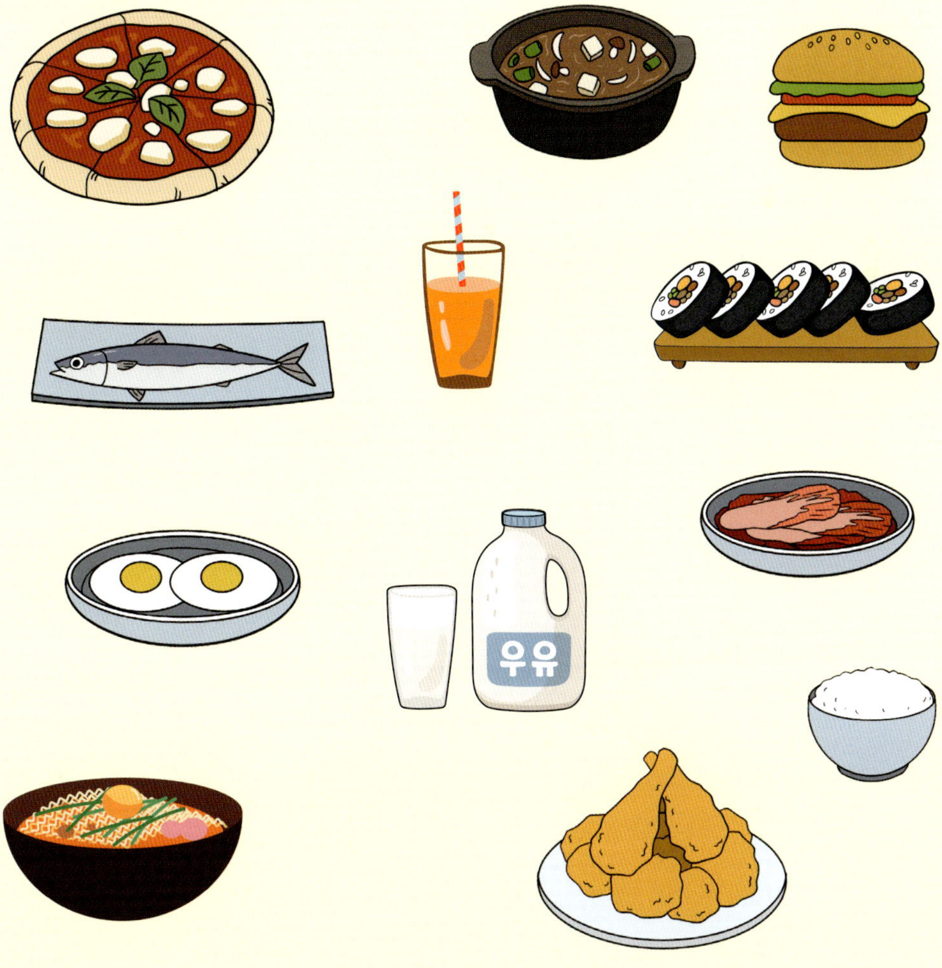

| 김혜은, 「우리 아이가 말하는 어휘책 : **삽화 사용**」(봄비와씨앗 출판사, 2021.08)

무엇일까? 맞춰봐! | 4회기 | 워크지

무엇일까? 맞춰보세요! | 4

게임방법

♡ 그림들 중 한 가지 사물을 선택하여 마음속으로 생각하세요.

♡ 상대방이 사물을 맞출 수 있도록 설명하세요.

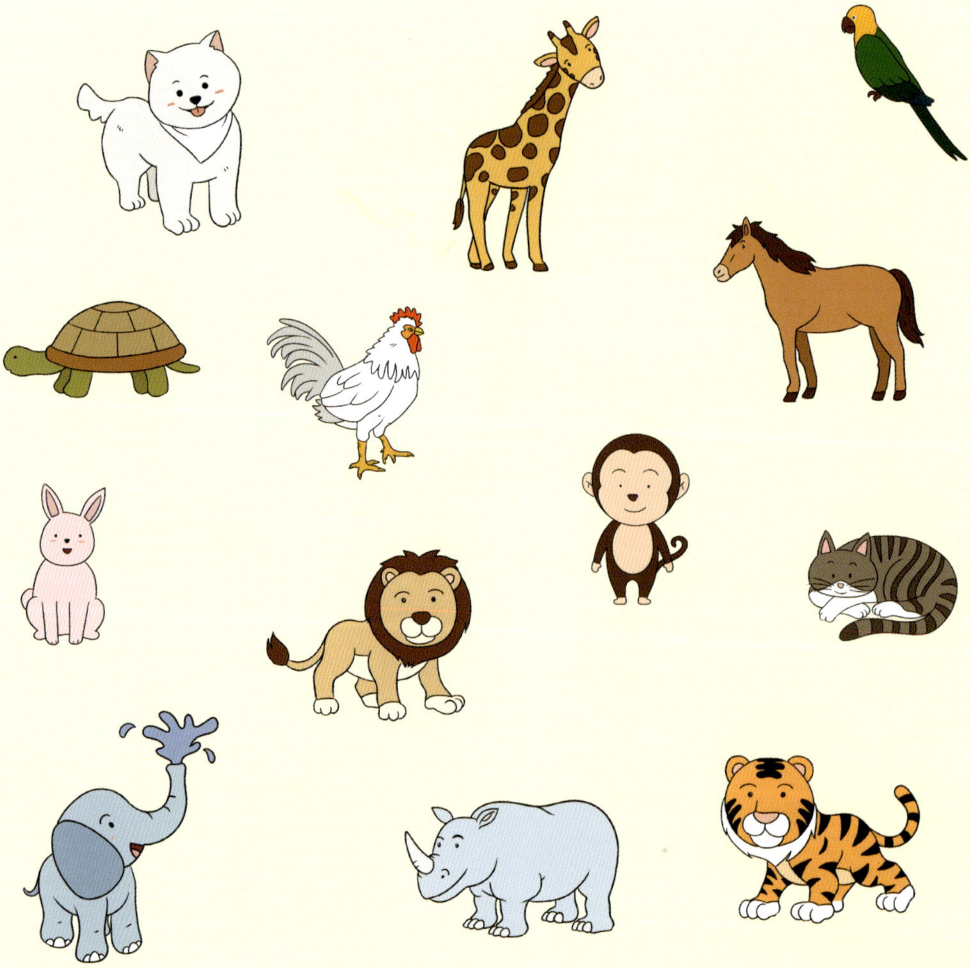

| 김혜은, 『우리 아이가 말하는 어휘책 : **삽화 사용**』(봄비와씨앗 출판사, 2021.08)

유창한 아이, 유연한 부모

5 회기 | 단어를 편안하게 말할 수 있어요

♥ 조절하여 편안하고 유창하게 말하기 방법을 지난 시간 자세히 배워 보았습니다. 단계별로 편안하게 말하는 방법을 더 연습해 볼 거예요. 먼저 지난 시간에 제시한 과제 워크지를 확인하며 어떤 상황에서 어떤 말더듬 모습이 나타났는지 이야기 나누고 느꼈던 감정에 관해서도 이야기 나눕니다.

- 레벨이 매회기 올라가고 있고 스스로 잘 해내고 있다고 꼭 지지해 주세요.

🔔 **활동방법**   ♡ 그림을 보고 단어 수준에서 조절하여 말하기 연습합니다.
　　　　　　　♡ 성공했다면 스티커, 도장 등을 이용해 체크하세요.

숫자	단어	확인	단어	확인	단어	확인
1	집		가방		지우개	
2	차(찻잔)		연필		색종이	
3	방		필통		색연필	
4	농구공		휴지		마커	
5	수도		의자		에어컨	
6	별		책상		선풍기	
7	달		학습계획		문자	
8	꿈		학교		자동차	
9	화남		교실		자전거	
10	닭		전화		컴퓨터	

유창한 아이, 유연한 부모

🔔 활동방법

♡ 4-1 워크지를 제시하여 편안하게 말하는 방법을 연습하고 시작합니다.
♡ 단어만 보고 단어 수준에서 조절하여 말하기 연습합니다.
♡ 조절하여 말하기 성공했다면 **말하기 5단계**에 스티커 붙이기, 도장 찍기, 체크 표시하기 등 성공을 시각적으로 피드백 받습니다.

숫자	단어	확인	단어	확인	단어	확인
1	집		가방		지우개	
2	차		연필		색종이	
3	방		필통		색연필	
4	공		휴지		사인펜	
5	물		의자		에어컨	
6	별		책상		선풍기	
7	달		수업		휴대폰	
8	꿈		학교		자동차	
9	화		교실		자전거	
10	닭		전화		컴퓨터	

6 회기 | 짧은 문장을 편안하게 말할 수 있어요

- 단계별로 편안하게 말하는 방법을 연습하고 있어요.
- 다음 단계로 올라가 볼 까요~
  먼저 지난 시간에 제시한 과제 워크지를 확인하며 어떤 상황에서 어떤 말더듬 모습이 나타났는지 이야기 나누고 느꼈던 감정에 관해서도 이야기 나눕니다.
  - 레벨이 매회기 올라가고 있고 스스로 잘 해내고 있다고 꼭 지지해 주세요.

🔔 활동방법

- 4-1 워크지를 제시하여 편안하게 말하는 방법을 연습하고 시작합니다.
- 그림을 보고 3어절 문장 수준에서 조절하여 말하기 연습합니다.
- 문장을 보고 3어절 수준에서 조절하여 말하기 연습합니다.
- 조절하여 말하기 성공했다면 **6단계**에 스티커 붙이기, 도장 찍기, 체크 표시하기 등 성공을 시각적으로 피드백 받습니다.

확인 | 아침에 양치를 했어요

확인 | 걸어서 학교에 갔어요

확인 | 수업시간에 공부 했어요

확인 | 쉬는시간에 화장실에 가요

유창한 아이, 유연한 부모

| 확인 | 운동장에서 친구랑 놀아요 |

| 확인 | 점심시간에 밥을 먹어요 |

| 확인 | 친구랑 맛있게 먹었어요 |

| 확인 | 태권도 학원에 갔어요 |

| 확인 | 피아노 학원에 갔어요 |

| 확인 | 저녁에 목욕하고 잤어요. |

7 회기 | 긴 문장에서 편안하게 말할 수 있어요

♥ 단계별로 편안하게 말하는 방법을 연습하고 있어요.

♥ 다음 단계로 올라가 볼까요~
먼저 지난 시간에 제시한 과제 워크지를 확인하며 어떤 상황에서 어떤 말더듬 모습이 나타났는지 이야기 나누고 느꼈던 감정에 관해서도 이야기 나눕니다.

- 레벨이 매회기 올라가고 있고 스스로 잘 해내고 있다고 꼭 지지해 주세요.

🔔 활동방법

♡ 4-1 워크지를 제시하여 편안하게 말하는 방법을 연습하고 시작합니다.

♡ 그림을 보고 긴 문장 수준에서 조절하여 말하기 연습합니다.

♡ 긴 문장을 읽으며 조절하여 말하기 연습합니다.

♡ 조절하여 말하기 성공했다면 **말하기 7단계**에 스티커 붙이기, 도장 찍기, 체크 표시하기 등 성공을 시각적으로 피드백 받습니다.

확인 | 아침에 세수하고 양치하고 학교에 갔어요

확인 | 아침에 걸어서 친구들이랑 학교에 갔어요

확인 | 교실에서 수업시간에 국어 공부를 했어요

확인 | 종이 치면 쉬는시간에 화장실에 갔어요

유창한 아이, 유연한 부모

확인 | 운동장에 있는 놀이터에 가서 친구랑 놀았어요

확인 | 점심시간에 급식실에 가서 점심 밥을 먹었어요

확인 | 친구랑 맛있게 밥을 먹고 운동장에서 놀았어요

확인 | 학교 마치고 태권도 학원차가 데리러 왔어요

확인 | 학교 마치고 피아노 학원차가 데리러 왔어요

확인 | 저녁에 목욕하고 책 읽고 침대에서 잤어요

8 회기 | 대화 하면서 편안하게 말할 수 있어요

❤ 단계별로 편안하게 말하는 방법을 연습하고 있어요. 다음 단계로 올라가 볼까요~

❤ 먼저 지난 시간에 제시한 과제 워크지를 확인하며 어떤 상황에서 어떤 말더듬 모습이 나타났는지 이야기 나누고 느꼈던 감정에 관해서도 이야기 나눕니다.

- 레벨이 매회기 올라가고 있고 스스로 잘 해내고 있다고 꼭 지지해 주세요.
- 아동의 진전에 따라 **8회기는 몇 번 더 반복**할 수 있습니다.

 8-1. 이상한 곳 찾기 8회기 | 워크지

이상한 곳 찾기 | 1

🔔 **활동방법**

♡ 거울을 비치하여 대상자가 자신의 모습을 볼 수 있게 하세요.
♡ 그림에 **이상한 부분을 3~5곳 찾으세요**.
♡ 어떻게 바꿔야 하는지, 왜 이상한지 이야기 하면서 조절하여 말하는 것을 녹음하세요.
♡ 녹음한 것을 다시 들으면서 자신의 말에 대한 인상을 이야기합니다.
♡ 조절하여 말한 것을 녹음한 뒤 다시 들으며 자신의 말더듬을 찾아보고 다시 유창하게 말해보는 연습을 합니다.
♡ 조절하여 말하기 성공했다면 **8단계**에 스티커 붙이기, 도장 찍기, 체크 표시하기 등 성공을 시각적으로 피드백 받습니다.

| 김아영, 「언어치료 도구상자 2 : **이상한 그림 찾기**」 (봄비와씨앗 출판사, 2020.10), 81.

이상한 곳 찾기 | 8회기 | 워크지

이상한 곳 찾기 | 2

🔔 활동방법

♡ 거울을 비치하여 대상자가 자신의 모습을 볼 수 있게 하세요.

♡ 그림에 **이상한 부분을 3~5곳 찾으세요**.

♡ 어떻게 바꿔야 하는지, 왜 이상한지 이야기 하면서 조절하여 말하는 것을 녹음하세요.

♡ 녹음한 것을 다시 들으면서 자신의 말에 대한 인상을 이야기합니다.

♡ 조절하여 말한 것을 녹음한 뒤 다시 들으며 자신의 말더듬을 찾아보고 다시 유창하게 말해보는 연습을 합니다.

♡ 조절하여 말하기 성공했다면 **8단계**에 스티커 붙이기, 도장 찍기, 체크 표시하기 등 성공을 시각적으로 피드백 받습니다.

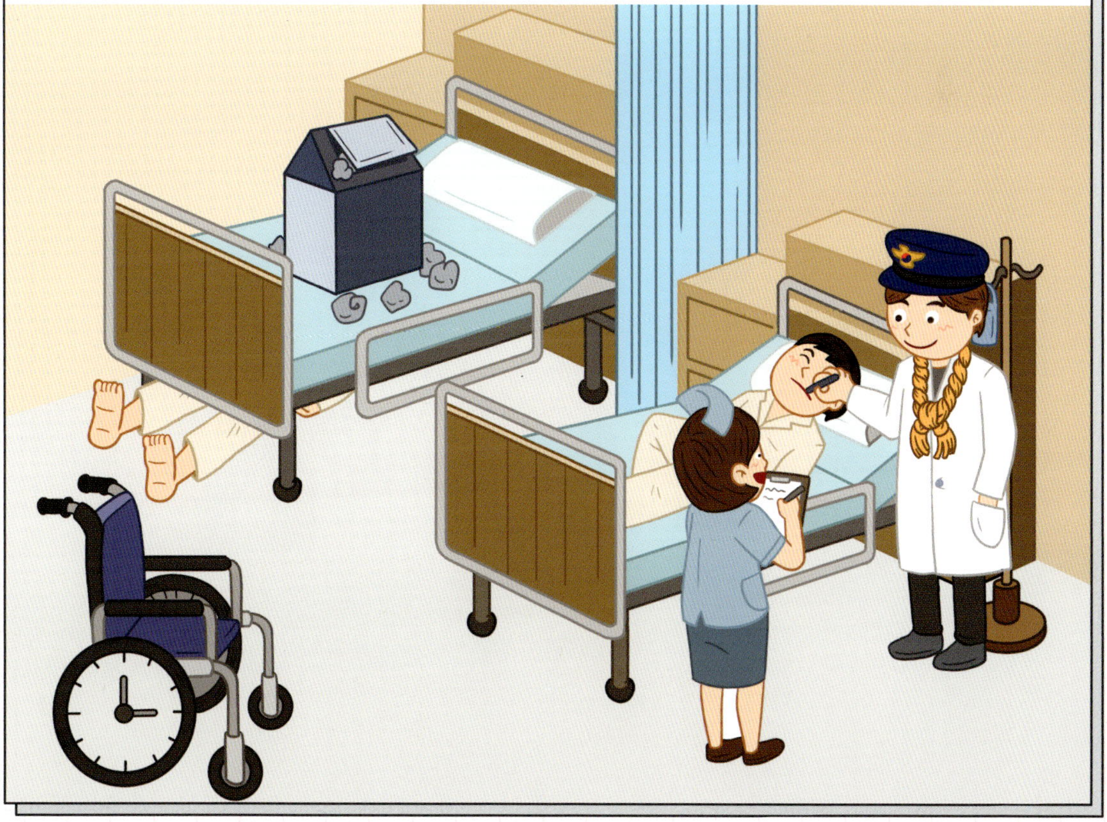

| 김아영, 『언어치료 도구상자 2 : **이상한 그림 찾기**』 (봄비와씨앗 출판사, 2020.10), 81.

8 회기

이상한 곳 찾기 | 8회기 | 워크지

이상한 곳 찾기 | 3

🔔 **활동방법**

♡ 거울을 비치하여 대상자가 자신의 모습을 볼 수 있게 하세요.

♡ 그림에 **이상한 부분을 3~5곳 찾으세요**.

♡ 어떻게 바꿔야 하는지, 왜 이상한지 이야기 하면서 조절하여 말하는 것을 녹음하세요.

♡ 녹음한 것을 다시 들으면서 자신의 말에 대한 인상을 이야기합니다.

♡ 조절하여 말한 것을 녹음한 뒤 다시 들으며 자신의 말더듬을 찾아보고 다시 유창하게 말해보는 연습을 합니다.

♡ 조절하여 말하기 성공했다면 **8단계**에 스티커 붙이기, 도장 찍기, 체크 표시하기 등 성공을 시각적으로 피드백 받습니다.

| 김아영, 『언어치료 도구상자 2 : 이상한 그림 찾기』 (봄비와씨앗 출판사, 2020.10), 81.

이상한 곳 찾기　　8회기 | 워크지

이상한 곳 찾기 | 4

🔔 **활동방법**

♡ 거울을 비치하여 대상자가 자신의 모습을 볼 수 있게 하세요.

♡ 그림에 **이상한 부분을 3~5곳 찾으세요**.

♡ 어떻게 바꿔야 하는지, 왜 이상한지 이야기 하면서 조절하여 말하는 것을 녹음하세요.

♡ 녹음한 것을 다시 들으면서 자신의 말에 대한 인상을 이야기합니다.

♡ 조절하여 말한 것을 녹음한 뒤 다시 들으며 자신의 말더듬을 찾아보고 다시 유창하게 말해보는 연습을 합니다.

♡ 조절하여 말하기 성공했다면 **8단계**에 스티커 붙이기, 도장 찍기, 체크 표시하기 등 성공을 시각적으로 피드백 받습니다.

| 김아영, 『언어치료 도구상자 2 : **이상한 그림 찾기**』 (봄비와씨앗 출판사, 2020.10), 81.

8 회기

이상한 곳 찾기 | 8회기 | 워크지

이상한 곳 찾기 | 5

🔔 **활동방법**

♡ 거울을 비치하여 대상자가 자신의 모습을 볼 수 있게 하세요.

♡ 그림에 **이상한 부분을 3~5곳 찾으세요**.

♡ 어떻게 바꿔야 하는지, 왜 이상한지 이야기 하면서 조절하여 말하는 것을 녹음하세요.

♡ 녹음한 것을 다시 들으면서 자신의 말에 대한 인상을 이야기합니다.

♡ 조절하여 말한 것을 녹음한 뒤 다시 들으며 자신의 말더듬을 찾아보고 다시 유창하게 말해보는 연습을 합니다.

♡ 조절하여 말하기 성공했다면 **8단계**에 스티커 붙이기, 도장 찍기, 체크 표시하기 등 성공을 시각적으로 피드백 받습니다.

| 김아영, 「언어치료 도구상자 2 : **이상한 그림 찾기**」 (봄비와씨앗 출판사, 2020. 10), 81.

유창한 아이, 유연한 부모

8-2. 원인과 결과 이야기하기 `8회기 | 워크지`

원인과 결과 | 1

🔔 활동방법

♡ 거울을 비치하여 대상자가 자신의 모습을 볼 수 있게 하세요

♡ 그림을 보고 원인과 결과에 대해 이야기합니다.

♡ 원인과 결과에 대해 조절하여 말하는 것을 녹음하세요.

♡ 녹음한 것을 다시 들으면서 자신의 말에 대한 인상을 이야기합니다.

♡ 녹음한 것을 다시 들으며 자신의 말더듬을 찾아보고 다시 유창하게 말해보는 연습을 합니다.

♡ 조절하여 말하기 성공했다면 **8단계**에 스티커 붙이기, 도장 찍기, 체크 표시하기 등 성공을 시각적으로 피드백 받습니다.

김빛나 / 김선아, 「언어치료 도구상자 9 : **원인과 결과**」 (봄비와씨앗 출판사, 2022.08), 63.

8 회기

원인과 결과 이야기하기 8회기 | 워크지

원인과 결과 | 2

🔔 활동방법

♡ 거울을 비치하여 대상자가 자신의 모습을 볼 수 있게 하세요
♡ 그림을 보고 원인과 결과에 대해 이야기합니다.
♡ 원인과 결과에 대해 조절하여 말하는 것을 녹음하세요.
♡ 녹음한 것을 다시 들으면서 자신의 말에 대한 인상을 이야기합니다.
♡ 녹음한 것을 다시 들으며 자신의 말더듬을 찾아보고 다시 유창하게 말해보는 연습을 합니다.
♡ 조절하여 말하기 성공했다면 **8단계**에 스티커 붙이기, 도장 찍기, 체크 표시하기 등 성공을 시각적으로 피드백 받습니다.

| 김빛나 / 김선아, 『언어치료 도구상자 9 : **원인과 결과**』 (봄비와씨앗 출판사, 2022.08), 63.

유창한 아이, 유연한 부모

 원인과 결과 이야기하기 | 8회기 | 워크지

원인과 결과 | 3

🔔 활동방법

- ♡ 거울을 비치하여 대상자가 자신의 모습을 볼 수 있게 하세요
- ♡ 그림을 보고 원인과 결과에 대해 이야기합니다.
- ♡ 원인과 결과에 대해 조절하여 말하는 것을 녹음하세요.
- ♡ 녹음한 것을 다시 들으면서 자신의 말에 대한 인상을 이야기합니다.
- ♡ 녹음한 것을 다시 들으며 자신의 말더듬을 찾아보고 다시 유창하게 말해보는 연습을 합니다.
- ♡ 조절하여 말하기 성공했다면 **8단계**에 스티커 붙이기, 도장 찍기, 체크 표시하기 등 성공을 시각적으로 피드백 받습니다.

| 김빛나 / 김선아, 『언어치료 도구상자 9 : **원인과 결과**』 (봄비와씨앗 출판사, 2022.08), 63.

8 회기

원인과 결과 이야기하기 | 8회기 | 워크지

원인과 결과 | 4

🔔 **활동방법**

♡ 거울을 비치하여 대상자가 자신의 모습을 볼 수 있게 하세요

♡ 그림을 보고 원인과 결과에 대해 이야기합니다.

♡ 원인과 결과에 대해 조절하여 말하는 것을 녹음하세요.

♡ 녹음한 것을 다시 들으면서 자신의 말에 대한 인상을 이야기합니다.

♡ 녹음한 것을 다시 들으며 자신의 말더듬을 찾아보고 다시 유창하게 말해보는 연습을 합니다.

♡ 조절하여 말하기 성공했다면 **8단계**에 스티커 붙이기, 도장 찍기, 체크 표시하기 등 성공을 시각적으로 피드백 받습니다.

김빛나 / 김선아, 『언어치료 도구상자 9 : **원인과 결과**』 (봄비와씨앗 출판사, 2022.08), 63.

유창한 아이, 유연한 부모

원인과 결과 이야기하기   8회기 | 워크지

원인과 결과 | 5

🔔 **활동방법**

♡ 거울을 비치하여 대상자가 자신의 모습을 볼 수 있게 하세요
♡ 그림을 보고 원인과 결과에 대해 이야기합니다.
♡ 원인과 결과에 대해 조절하여 말하는 것을 녹음하세요.
♡ 녹음한 것을 다시 들으면서 자신의 말에 대한 인상을 이야기합니다.
♡ 녹음한 것을 다시 들으며 자신의 말더듬을 찾아보고 다시 유창하게 말해보는 연습을 합니다.
♡ 조절하여 말하기 성공했다면 **8단계**에 스티커 붙이기, 도장 찍기, 체크 표시하기 등 성공을 시각적으로 피드백 받습니다.

김빛나 / 김선아, 『언어치료 도구상자 9 : **원인과 결과**』 (봄비와씨앗 출판사, 2022.08), 63.

말더듬 직접치료 프로그램

9회기 | 토론하며 편안하게 말할 수 있어요

❤ 단계별로 편안하게 말하는 방법을 연습하고 있어요. 다음 단계로 올라가 볼 까요~
❤ 먼저 지난 시간에 제시한 과제 워크지를 확인하며 어떤 상황에서 어떤 말더듬 모습이 나타났는지 이야기 나누고 느꼈던 감정에 관해서도 이야기 나눕니다.
  - 레벨이 매회기 올라가고 있고 스스로 잘 해내고 있다고 꼭 지지해 주세요.
  - 아동의 진전에 따라 **9회기는 몇 번 더 반복**할 수 있습니다.

9-1. 이야기 파티   9회기 | 워크지

이야기 파티 | 1

 활동방법

♡ 토론 주제를 스스로 정한 뒤 선생님과 토론하며 녹음합니다.
♡ 녹음한 것을 다시 들어보며 내가 말하는 모습을 어떻게 하면 조절할 수 있는지 스스로 이야기합니다.
♡ 녹음을 들으며 스스로 말을 조절하여 다시 이야기해 봅니다.
♡ 아동의 진전에 따라 9회기는 몇 번 더 반복할 수 있습니다.
♡ 조절하여 말하기 성공했다면 **9단계**에 스티커 붙이기, 도장 찍기, 체크 표시하기 등 성공을 시각적으로 피드백 받습니다.

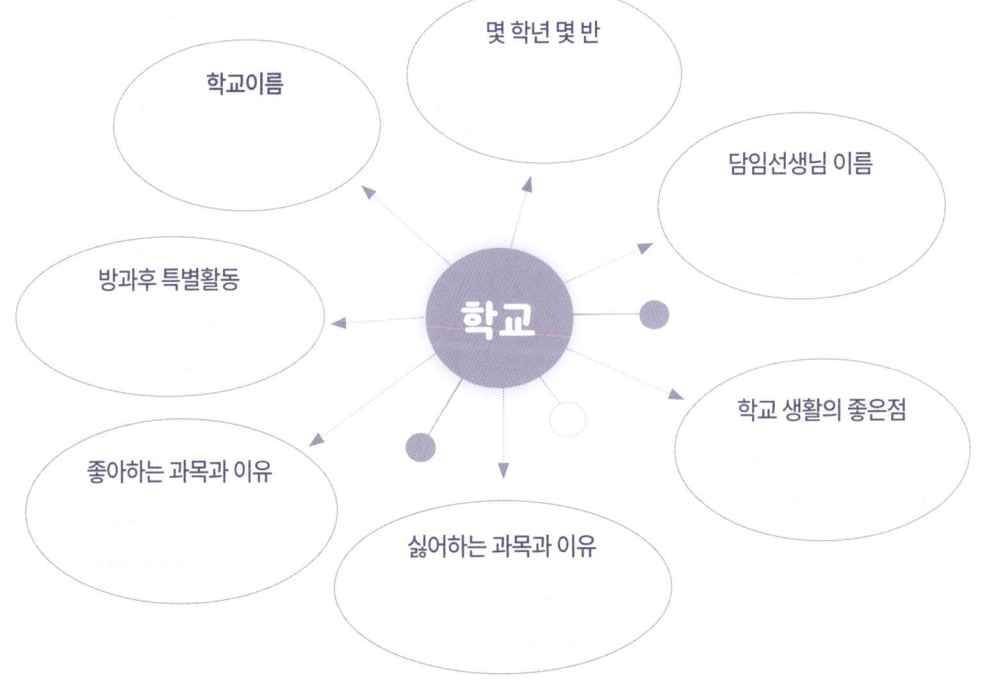

이야기 파티 | 9회기 | 워크지

이야기 파티 | 2

🔔 **활동방법**

♡ 토론 주제를 스스로 정한 뒤 선생님과 토론하며 녹음합니다.
♡ 녹음한 것을 다시 들어보며 내가 말하는 모습을 어떻게 하면 조절할 수 있는지 스스로 이야기합니다.
♡ 녹음을 들으며 스스로 말을 조절하여 다시 이야기해 봅니다.
♡ 아동의 진전에 따라 9회기는 몇 번 더 반복할 수 있습니다.
♡ 조절하여 말하기 성공했다면 **9단계**에 스티커 붙이기, 도장 찍기, 체크 표시하기 등 성공을 시각적으로 피드백 받습니다.

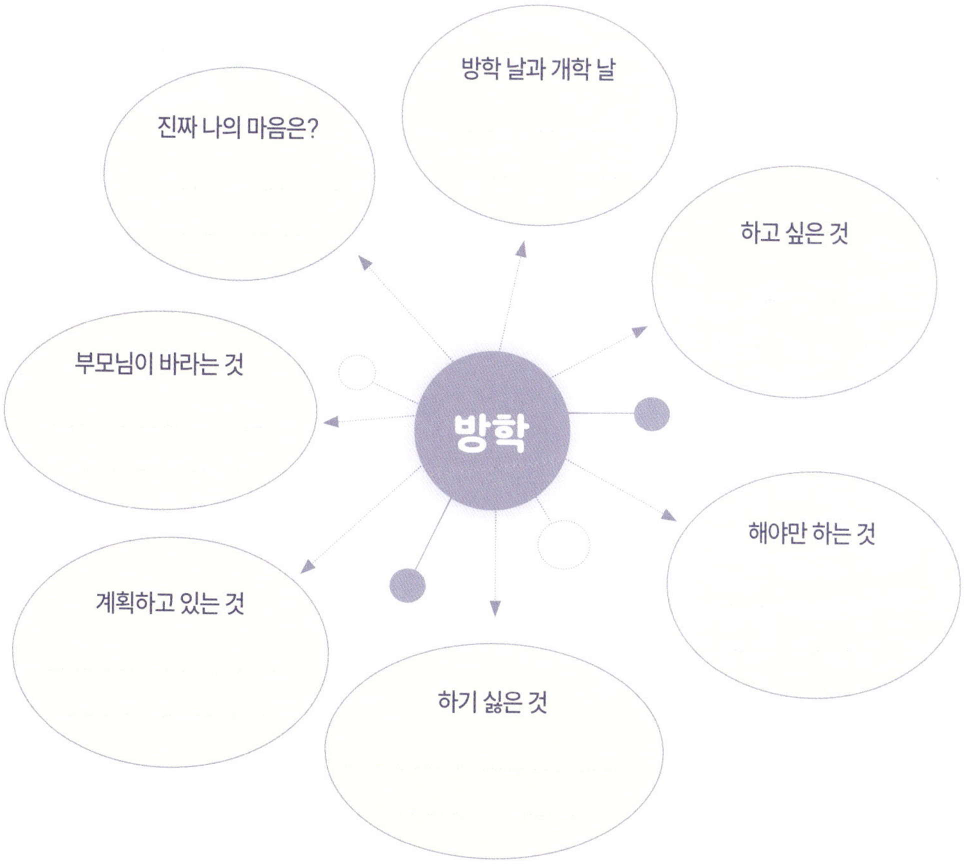

방학

- 진짜 나의 마음은?
- 방학 날과 개학 날
- 하고 싶은 것
- 부모님이 바라는 것
- 해야만 하는 것
- 계획하고 있는 것
- 하기 싫은 것

9 회기

이야기 파티 | 9회기 | 워크지

이야기 파티 | 3

🔔 **활동방법**

♡ 토론 주제를 스스로 정한 뒤 선생님과 토론하며 녹음합니다.
♡ 녹음한 것을 다시 들어보며 내가 말하는 모습을 어떻게 하면 조절할 수 있는지 스스로 이야기합니다.
♡ 녹음을 들으며 스스로 말을 조절하여 다시 이야기해 봅니다.
♡ 아동의 진전에 따라 9회기는 몇 번 더 반복할 수 있습니다.
♡ 조절하여 말하기 성공했다면 **9단계**에 스티커 붙이기, 도장 찍기, 체크 표시하기 등 성공을 시각적으로 피드백 받습니다.

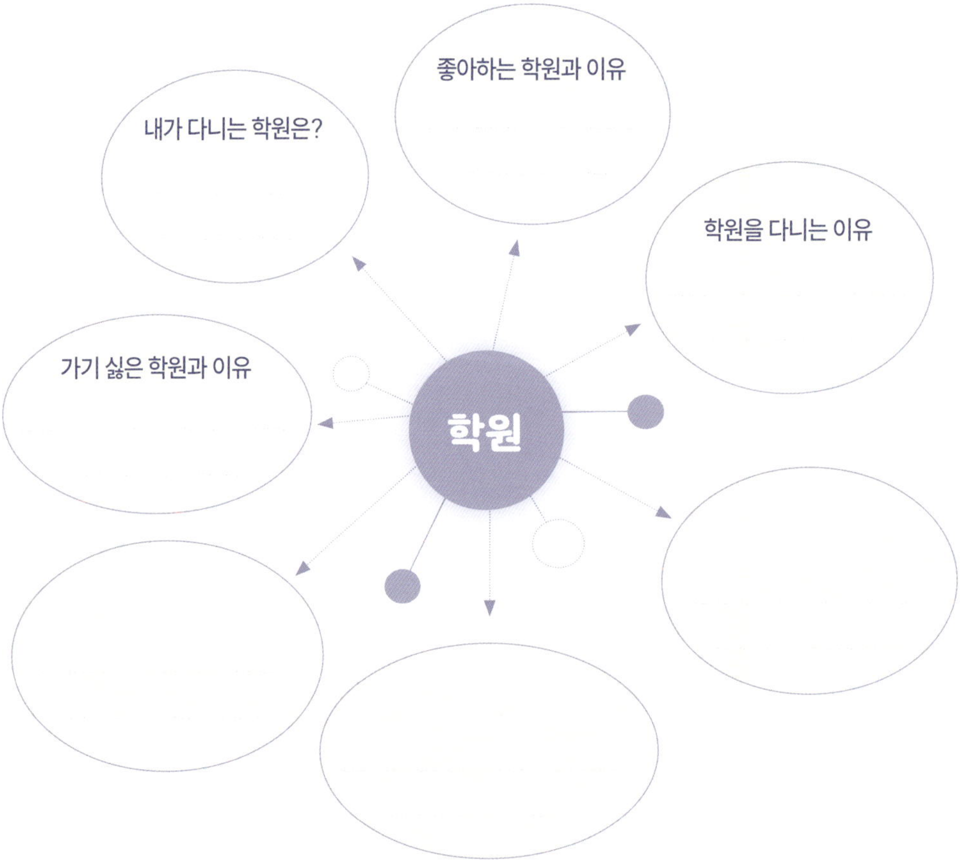

- 내가 다니는 학원은?
- 좋아하는 학원과 이유
- 학원을 다니는 이유
- 가기 싫은 학원과 이유

학원

이야기 파티 | 9회기 | 워크지

이야기 파티 | 4

🔔 **활동방법**

♡ 토론 주제를 스스로 정한 뒤 선생님과 토론하며 녹음합니다.
♡ 녹음한 것을 다시 들어보며 내가 말하는 모습을 어떻게 하면 조절할 수 있는지 스스로 이야기합니다.
♡ 녹음을 들으며 스스로 말을 조절하여 다시 이야기해 봅니다.
♡ 아동의 진전에 따라 9회기는 몇 번 더 반복할 수 있습니다.
♡ 조절하여 말하기 성공했다면 **9단계**에 스티커 붙이기, 도장 찍기, 체크 표시하기 등 성공을 시각적으로 피드백 받습니다.

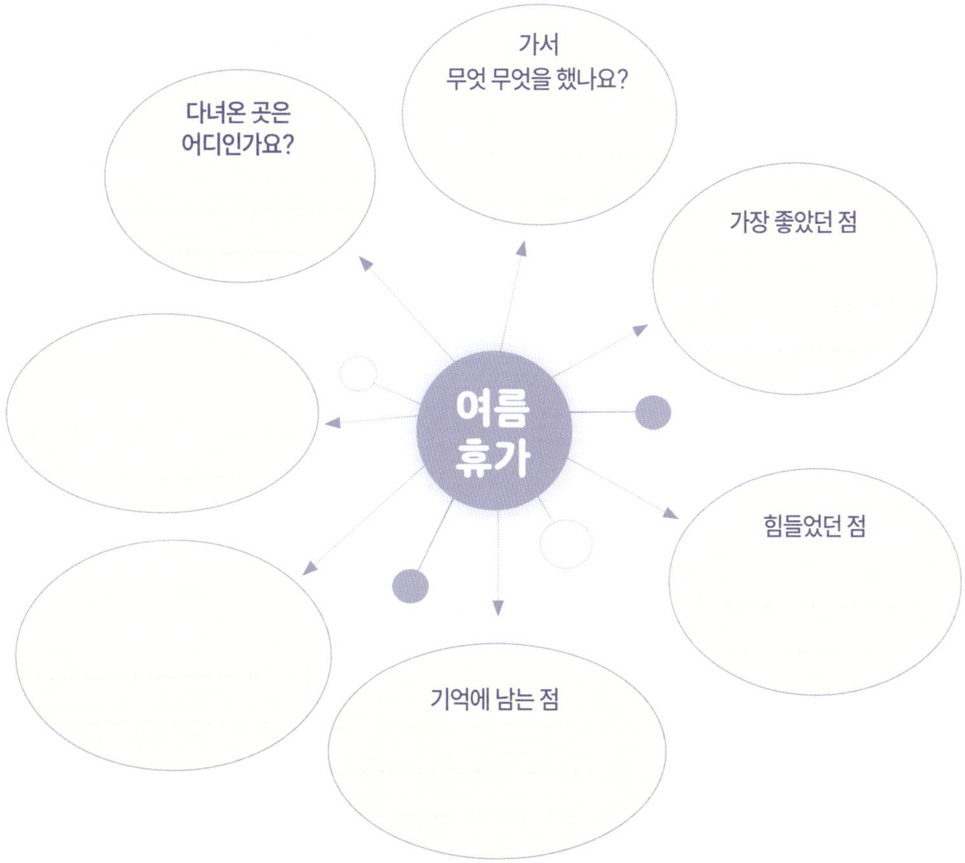

- 다녀온 곳은 어디인가요?
- 가서 무엇 무엇을 했나요?
- 가장 좋았던 점
- 힘들었던 점
- 기억에 남는 점

여름 휴가

10 회기 | 편안하게 말하는 방법 수료 하였어요

- 편안하게 말하기 단계 10단계까지 모두 수료 하였어요. 정말 대단해요
- 먼저 지난 시간에 제시한 숙제 워크지를 확인하며 워크지를 하며 느낀 점을 이야기 나눕니다.
- 말하기 방법에 대해 워크지를 통해 전체적으로 한 번 더 이야기 나눕니다.
- 자유로운 게임, 지난 수업 동안의 소감에 대해 이야기 나누기합니다.
- 수료증을 통해 말을 조절할 수 있다 라는 인지적 개념을 확립합니다.
- 나는 나 자신의 말을 조절하여 편안하게 말할 수 있다는 것을 꼭 기억하세요.
- 치료사는 마지막 말을 들려줍니다

    예시 : "OO아, 너는 스스로 말을 조절하여 편안하게 말할 수 있는 능력을 갖추었어. 너는 세상에 하나밖에 없는 소중한 OO이야, 정말 대단한 사람이고 언제든 선생님이 보고 싶으면 또 놀러 와도 된단다."

- 아동의 진전에 따라 2주에 1번, 한 달에 한 번 만나 모니터링 할 수 있도록 부모님께 권유 드립니다.
- 완전히 종결이 가능한 아동은 종결하시면 됩니다.
- 마지막 10단계에 스티커 붙이기, 도장 찍기, 체크 표시하기 등 성공을 시각적으로 피드백 받습니다.

10-1. 마지막 이야기 나누기

✓ 수업이 종료되는 소감에 대해 이야기해 주세요.

_____

✓ 앞으로 말더듬 행동이 나타난다면 어떻게 할 것인가요?

_____

✓ 자신의 말에 대한 현재 자기 생각을 이야기해 주세요.

_____

10회기 | 말하기 방법 수료증

유창한 아이, 유연한 부모

말더듬 직접치료 프로그램 &
가정연계 부모교육 프로그램

3 ~ 9회기
과제 워크지

3 회기

3회기 | 과제 워크지

일주일간 나의 말더듬 모습에 대해 관찰하고 기록해 볼거예요.
내 모습을 잘 아는 것이 말을 조절하기 위한 첫걸음이기 때문에 잘 작성해 주세요.

🔔 활동방법

♡ 거울로 나를 보는 것처럼 내 모습을 알아차리기 연습해 봅니다.

♡ 어떤 상황에 어떤 모습으로 나타났는지 편안하게 기록해 보세요.
   (과제 워크지 → 아동 과제 → 자신의 모습 일주일간 체크리스트)

아동 과제 - 자신의 모습 일주일간 체크리스트

요일	상황	반복	연장	막힘	행동
예시	• 학교 발표 • 엄마에게 혼나는 상황	저저저기....	X	 말이 안나오고 숨이 막히는 느낌	X
월					
화					
수					
목					
금					
토					
일					

4 회기

유창한 아이, 유연한 부모

4회기 | 과제 워크지 가족과 편안하게 말하는 방법을 사용하여 성공한 사례를 적는 일주일간 과제를 제시합니다.

🔔 활동방법

♡ 거울로 나를 보는 것처럼 내 모습을 알아차리기 연습해 봅니다.

♡ 어떤 상황에 어떤 모습으로 나타났는지 편안하게 기록해 보세요.
 (과제 워크지 → 아동 과제 → 자신의 모습 일주일간 체크리스트)

아동 과제 - 자신의 모습 일주일간 체크리스트

요일	상황	반복	연장	막힘	행동
예시	• 시간 착각하여 학원에 늦은 것을 전달하는 엄마와의 전화 통화 시	저저저기….	X	말이 안나오고 숨이 막히는 느낌	X
월					
화					
수					
목					
금					
토					
일					

5 회기

> **5회기 | 과제 워크지**

가족과 전화로 편안하게 말하는 방법을 사용하여 성공한 사례를 적는 일주일간 과제를 제시합니다.

🔔 활동방법

♡ 거울로 나를 보는 것처럼 내 모습을 알아차리기 연습해 봅니다.

♡ 어떤 상황에 어떤 모습으로 나타났는지 편안하게 기록해 보세요.
　(과제 워크지 → 아동 과제 → 자신의 모습 일주일간 체크리스트)

아동 과제 - 자신의 모습 일주일간 체크리스트

요일	상황	반복	연장	막힘	행동
예시	• 저녁 먹으며 이야기하는 상황	저저저기....	X	말이 안나오고 숨이 막히는 느낌	X
월					
화					
수					
목					
금					
토					
일					

6 회기

유창한 아이, 유연한 부모

6회기 | 과제 워크지

학교의 특정 친구와 대화 시 조절하여 편안하게 말하는 방법을 사용하여 성공한 사례를 적는 일주일간 과제를 제시합니다.

🔔 **활동방법**

♡ 거울로 나를 보는 것처럼 내 모습을 알아차리기 연습해 봅니다.

♡ 어떤 상황에 어떤 모습으로 나타났는지 편안하게 기록해 보세요.
　(과제 워크지 → 아동 과제 → 자신의 모습 일주일간 체크리스트)

아동 과제 - 자신의 모습 일주일간 체크리스트

요일	상 황	반 복	연 장	막 힘	행 동
예시	• 친한 친구와 교실에서	저저저기….	X	말이 안나오고 숨이 막히는 느낌	X
월					
화					
수					
목					
금					
토					
일					

7 회기

7회기 | 과제 워크지   ♡ 학교 교실(선생님, 모든친구)에서 대화 시 조절하여 편안하게 말하는 방법을 사용하여 성공한 사례를 적는 일주일간 과제를 제시합니다.

 활동방법

♡ 거울로 나를 보는 것처럼 내 모습을 알아차리기 연습해 봅니다.

♡ 어떤 상황에 어떤 모습으로 나타났는지 편안하게 기록해 보세요.
   (과제 워크지 → 아동 과제 → 자신의 모습 일주일간 체크리스트)

아동 과제 - 자신의 모습 일주일간 체크리스트

요일	상황	반복	연장	막힘	행동
예시	• 국어 시간에 선생님과 이야기 나눌 때	저저저기....	X	말이 안나오고 숨이 막히는 느낌	X
월					
화					
수					
목					
금					
토					
일					

8 회기

유창한 아이, 유연한 부모

8회기 | 아동 과제

학교외 상황(방과후수업)에서 대화 시 조절하여 편안하게 말하는 방법을 사용하여 성공한 사례를 적는 일주일간 과제를 제시합니다.

🔔 활동방법

♡ 거울로 나를 보는 것처럼 내 모습을 알아차리기 연습해 봅니다.

♡ 어떤 상황에 어떤 모습으로 나타났는지 편안하게 기록해 보세요.
　(과제 워크지 → 아동 과제 → 자신의 모습 일주일간 체크리스트)

아동 과제 - 자신의 모습 일주일간 체크리스트

요일	상 황	반 복	연 장	막 힘	행 동
예시	• 방과후 시간에 친구와 이야기하다가	저저저기....	X	말이 안나오고 숨이 막히는 느낌	X
월					
화					
수					
목					
금					
토					
일					

9 회기

9회기 | 과제 워크지

학교외 학원에서 대화 시 조절하여 편안하게 말하는 방법을 사용하여 성공한 사례를 적는 일주일간 과제를 제시합니다.

🔔 활동방법

♡ 거울로 나를 보는 것처럼 내 모습을 알아차리기 연습해 봅니다.

♡ 어떤 상황에 어떤 모습으로 나타났는지 편안하게 기록해 보세요.
   (과제 워크지 → 아동 과제 → 자신의 모습 일주일간 체크리스트)

아동 과제 - 자신의 모습 일주일간 체크리스트

요일	상황	반복	연장	막힘	행동
예시	• 수학학원에서 친구와	저저저기….	X	말이 안나오고 숨이 막히는 느낌	X
월					
화					
수					
목					
금					
토					
일					

유창한 아이, 유연한 부모

유창한 아이,
유연한 부모

말더듬 직접치료 프로그램 &
가정연계 부모교육 프로그램

말더듬 치료 가정연계 부모교육 프로그램

이 프로그램은 학령기 아동의 말더듬 증상을 치료하고, 가정연계 심리 프로그램을 통해 가족관계의 개선을 목표로 합니다.

2

아이와의 건강하고 긍정적인 소통으로
아이와 부모가 한층 성장하는 계기가 되길 바랍니다.

들어가면서..

유창한 아이, 유연한 부모

    이 교재를 선택하기까지, 많은 고민과 어려움이 있었을거라 생각합니다. 여기까지 오신 선생님과 부모님의 선택을 진심으로 응원하고 칭찬합니다.
자녀를 양육하는 일은, 수없이 많은 문제들에 부딪히고, 때로 좌절하며, 기쁨과 슬픔을 반복하는 과정을 겪는 일인 것 같습니다. 이러한 과정속에 자녀와 함께 부모도 성장해 가는 시간을 갖게 됩니다.

    이 프로그램은 문제를 객관화하고, 문제에 대처할 힘을 기르며, 부모로써 자신을 돌아보고 수용합니다. 나아가 자녀를 있는 그대로 받아들이는 과정을 경험하며 함께 어려움을 이겨내고, 성장해 가는 것을 목표로 합니다.
가정연계 부모교육프로그램을 진행하는 동안에는, **나와 아이의 변화 과정에 대해서 "잘했다", "못했다"라는 평가를 하지 않습니다.**

한 주, 한 주 워크지를 작성하고, 고민하면서 부모가 집중해야 할 일은,

1. 평가를 줄이고 아이를 있는 그대로 받아들이기
2. 아이와의 눈을 마주치는 시간을 늘리고 안전감을 제공하기
3. 관찰하는 힘을 길러, 문제를 객관화하기
4. 부모부터 말하는 습관을 점검하고 천천히 이야기하기
5. 아이와 충분히 대화하는 시간을 갖고 충분히 들어주기
6. 말더듬증상 자체에 집중하지 않고 지적과 비난하지 않기
7. 아이가 보다 명확하고 유창하게 말했을 때, 지지하고 칭찬하기

1 회기 | 말더듬에 대한 이해와 문제의 객관화

목표

말더듬 가정연계프로그램에 대한 나의 동기를 확인하고, 긍정적 목표를 설정할 수 있습니다.
말더듬증상의 소거뿐 아니라, 보다 안전하고 건강한 가족관계형성에 초점을 둡니다.
우선 말더듬의 정의와 원인에 대해 부모가 먼저 이해해 봅니다. 지금 걱정하는 문제가 나에게 어떤 의미인지 관찰하면서 떠오르는 생각이나 나의 불편함도 인식해 봅니다.

어쩌면 그동안 자녀의 말더듬을 아이의 문제나 부족한 점, 고쳐야 할 것으로만 보진 않았는지 나의 기준과 걱정을 내려놓고 아이를 있는 그대로 바라보고 수용하는 연습을 할 수 있습니다. 문제에 초점을 맞추면 내 자녀의 다른 면들을 객관적으로 보는 힘이 약해집니다.

한 주간 아무런 개입이나 지도를 하지 않고 아이를 관찰만 해보는 경험을 통해 불필요한 나의 개입을 줄이고 상황을 객관적으로 보는 눈을 키울 수 있습니다. 한 주간 자녀의 증상뿐 아니라 일상 행동을 관찰하며 내가 미처 발견하지 못한 내 자녀의 말과 행동을 수용하고 이해해 보세요.

그 순간 문득 떠오르는 나의 생각과 감정도 기록해 봅니다. 이것은 부모의 걱정과 불안을 낮추고 자녀와 보다 안정적인 신뢰 관계를 위한 첫걸음이 될 것입니다.

> 부모가 해야 할 가장 첫 번째 역할은 몸과 마음이 안전한 울타리를 제공하는 것입니다. 그러기 위해 조건 없는 사랑과 존중, 있는 그대로의 모습을 사랑할 수 있는 부모 마음의 그릇을 키우는 연습이라 생각하시고 관찰만 하시길 바랍니다.

"우리는 문제로부터 자유로워질 때야 비로소 문제를 객관적으로 볼 수 있습니다."

유창한 아이, 유연한 부모

1. 말더듬에 대한 이해 (부모용) - 문제를 객관화하기 위해 먼저 말더듬에 대해 보다 자세히 알아봅시다. -

말더듬이란?

말을 할 때 음절이나 단어를 반복해서 말하는 증상을 말합니다.
일상 대화 중간에 흔하게 말을 더듬는 것은 '정상적인 비유창성'이라 볼 수 있지만, 말더듬 현상의 빈도가 정도를 넘어 의사소통의 어려움을 갖게 되고, 심리적인 부담을 갖게 되면 치료가 필요할 수 있습니다. 또한 아이들은 말을 더듬는 동안 운동적인 움직임을 보이기도 하는데 눈을 깜빡이거나 주먹을 쥐거나 어깨를 움츠리는 등의 행동을 보이기도 하고, 심리적인 불안도 함께 느끼며 말을 하는 상황을 피하려 하기도 합니다.

유창성이란?

말을 할 때 자연스럽고 막힘이 없이 자신 있게 말할 수 있는 것을 의미합니다.
발표를 하거나 면접을 하는 상황에서도 반복이나 연장, 막힘이 없이 자신의 생각이나 해야 할 말을 당당하게 할 수 있는 것을 말합니다.

유창성장애라고 이름할 정도의 말더듬이라면, 말을 하는 상황에서 불안이 유발되기도 하며, 의사소통은 물론 학업이나 사회 적응에도 제한을 초래합니다.

이러한 증상들을 보여요

- ✓ 같은 소리나 음절, 또는 단어의 반복 (예: "어..엄.엄.엄마")
- ✓ 음절 또는 단어의 소리를 연장하며 길게 말하기(예: "어~~~~엄마")
- ✓ 특정 음절이나 단어에 대한 멈춤, 짧은 침묵 등의 막힘
- ✓ 과도하게 신체에 힘을 주어 말하거나 긴장하며 말하기
- ✓ 단어를 만들기 위해 얼굴을 지나치게 찌푸리거나 목에 힘을 주는 등 부자연스러운 움직임
- ✓ 말하기에 대한 불안 및 효율적인 의사소통의 어려움

출현률과 경과

발병시기는 보통 2~7세이며, 발병성 말더듬의 80~90%는 6세경에 나타납니다.
남아가 여아보다 4배 정도 높은 발병률을 보여요.
80% 정도는 자연스럽게 소거됩니다.

1 회기

DSM-5 진단기준을 살펴봐요

미국정신의학회에서 공식적으로 사용하는 정신장애진단분류체계에서는 다음과 같은 진단 기준의 특징이 있어요. 정확한 명칭은 **"아동기 발생 유창성장애"**입니다.

A 다음 중 한 가지 또는 그 이상이 빈번하고 뚜렷하게 나타나는 것이 특징입니다.

1) 말과 음절의 반복
2) 모음뿐만 아니라 자음 소리의 연장(길게 내기)
3) 단어의 분절(예: 한 단어 내에서 머뭇거림)
4) 들을 수 있거나 조용한 상태에서의 말 머뭇거림(힘이 주어지거나 힘이 주어지지 않은 말의 멈춤)
5) 넌지시 돌려 말하기(문제 있는 단어를 피하기 위한 단어 대치)
6) 과도하게 신체적 긴장이 있는 단어
7) 단음절의 단어 반복 (예: "나_나_나_나는 학교에 가서")

B 이 장애는 말하기에 대한 불안을 일으키거나 효과적인 의사소통, 사회참여, 또는 학업적, 직업적 수행 중 제한을 야기함.

C 증상은 발달 초기 단계에서부터 발현된다. (늦은 발병의 경우 성인기 발병 유창성장애로 진단됨)

D 이 장애는 구음-운동 또는 감각장애, 신경학적 손상(예: 뇌졸중, 종양, 외상)과 관련된 비유창성, 또는 다른 의학적 상태로 인한 것이 아니며 다른 정신장애로 더 잘 설명되지 않아야 함.

유창한 아이, 유연한 부모

문제의 객관화 **1회기 | 아동관련 증상체크**

❶ 활동방법

아동의 증상이 나타났을 상황을 관찰하며, 증상이 나타나기 직전 상황과 증상의 강도 및 빈도, 증상이 소거되고 나서의 아동의 말과 행동을 개입하지 않고 관찰해봅니다. 아동의 말더듬 뿐 아니라 실수를 하는 행동들에 대해 평가하는 것을 멈추고 관찰만 해보세요.

관찰은, 나의 생각이나 느낌을 제외하고, 보고 들은 것만을 기록해 봅니다. 말을 최대한 줄이고 관찰을 할 때, 나도 모르게 떠오르는 생각이나 느껴지는 점이 있다면 기록해 주세요. 아이에게는 관찰한다는 것을 표현하지 않습니다.

아동 모습 관찰 일기

날짜	아동의 언어 / 행동 관찰(말더듬관련)	관찰하며 떠오르는 생각 느낌
예시 3/2(화)	- OO이가 미디어를 보다가 갑자기 나에게 달려와서 "엄마~"를 부르며, "저, 저, 저, 저기.. 이거.."라고 말했다. - 첫 글자를 세 번 이상 더듬고, 침을 꼴깍 삼켰다. 그리고 엄마의 눈치를 살피며 문장을 끝맺지 못하였다.	- 가슴이 답답하다. 초조해진다. 남들이 보지 않았으면 좋겠다.

❋ 일주일 관찰해보면서 느낀 부모의 소감을 자유롭게 작성해 보세요.

2 회기 | 부모로써, 나는 어떻게 말하고 있을까

♥ 부모의 자기 인식: 부모의 말

부모의 말에는 대단한 힘이 있습니다. 자녀는 부모를 보며 타인과 대화하는 것, 자신을 표현하는 것을 배웁니다. 때로 내가 인식하지 못했던 말하는 동안의 **습관적인 행동**(예: 고개 끄덕임, 한숨으로 시작하기, 손가락질, 시선을 맞추지 않고 이야기하기 등)이나 서두에 매번 **반복되는 말**(예: 음.. 그게, 이제, 자, 일단, 근데.. 등)을 아이는 그대로 받아들여서 내 습관이 아이의 습관이 되기도 합니다.

혹시나 부모의 말수가 너무 많거나 너무 적진 않은지, 말이 너무 빨라지는 않은지, 강요나 지시의 말이 많은지, 말을 자르지는 않은지, 갑자기 화를 내지는 않는지, 지나치게 허용적이고 아이를 설득하려 애쓰는 표현이 많은지, 문장으로 명확하게 부모의 말을 전달하는지, 은근히 바라는 말을 돌려 하진 않는지, 이중 메시지를 주고 있지는 않는지
(예: 말은 괜찮다고 하면서 표정은 언짢아하는 이중적인 내용을 담은 메시지)

충분한 시간을 가지고 나의 말을 인식하고 기록해 보세요. 불필요한 메시지의 전달이나 아이가 한 번에 알아듣기 힘든 어려운 말, 또는 이중적인 메시지는 자녀의 정서발달에 부정적인 영향을 끼쳐 불안을 높이고, 나아가 사회적으로 대처할 때나 자신을 표현할 때 불필요한 긴장도를 가질 수 있습니다.

효과

- 부모의 말이 자녀에게 얼마나 많은 영향을 끼쳤는지 깨닫게 됩니다.
- 자녀의 말에 집중했던 나의 걱정과 불안이 낮아지고, 내 자신에게 집중하는 계기가 됩니다.
- 자신의 부정적인 말과 표현을 알아차리고 부모로써 자신을 객관화할 수 있습니다. 부정적인 말을 긍정적으로 바꿀 수 있는 계기가 됩니다.

주의할 점

단, 자신을 부정적으로 판단하지 않고 알아차리기만 해봅니다. 한 주간 자신을 관찰하면서, 자신의 부족함이나 단점이 많이 발견되었을 시, 내면에 불편함이 올라온다면 그것 또한 기록해 보고, 나의 말을 있는 그대로 바라보는 용기를 가지세요.

유창한 아이, 유연한 부모

부모의 말 인식 체크리스트: 자기 관찰 1

2회기 | 부모의 말 인식 최근 일주일 내에 내가 자녀에게 한 말을 생각해 보시고, 솔직하게 작성해 주세요.
(인식이 어렵다면 배우자나 자녀에게 물어보셔도 됩니다.)

	✓ 부모의 말 인식하기 체크리스트	(구체적인 상황까지 자세히 적을수록 좋습니다.)
1	평소 나의 말은 빠른 편인가, 느린 편인가	**예시** 평소와 다르게, 잔소리할 때는 말이 빨라지고, 재촉하는 말을 많이 하는 것 같다.
2	평소 나는 말이 많은 편인가, 말수가 적은 편인가	**예시** 말수가 적은 편이나, 아이와 대화하는 것을 자주 시도한다.
3	자녀가 말하는 중에 가로막고 내 이야기를 한 적이 있는가	
4	평소 말을 하면서 한숨을 자주 쉬는가	
5	평소 잔소리를 많이 하는 편인가	
6	현재 문제를 이야기할 때 미래에 걱정되는 부분까지 이야기하는가	
7	훈육할 때 나도 모르게 억양이 높아지는가	
8	참다가 화를 내는 편인가	
9	말이 명료하게 끝나지 않고 부연 설명이 많아지고 길어지는가	
10	훈육할 때 인상을 찌푸리면서 말하고 있는가	
11	말하고 싶지 않을 때는 그냥 침묵하는가	
12	말을 할 때 눈을 마주치지 않고 다른 곳을 보고 말하는가	
13	강요나 협박의 말을 자주 하는가	
14	평소 말할 때 하는 습관적인 몸짓은 어떤 것이 있는지 적어보세요.	
15	대화나 훈육 시작 전 습관적으로 하는 단어가 있다면 적어보세요.	
16	이 외에 자신의 말을 인식하며 알아차린 자신의 말을 적어보세요.	
❀	위의 체크리스트를 하면서 느껴지는 생각과 감정을 적어보세요.	

3 회기 | 우리 아이는 어떻게 말하고 있을까?

♥ 자녀의 말 인식

아이의 말더듬을 고치고 없애고자 하는 생각을 잠시 내려놓습니다.
있는 그대로 내 아이의 말을 이해하는 시간을 가져봅니다. 또한 말더듬을 제외하고 우리 아이의 언어발달수준, 말의 패턴, 말의 내용에 대해 좀 더 관찰하려 합니다. 아이의 말더듬 증상은 1회기 때 관찰을 해보았습니다. 이번 시간에는 말더듬을 제외한 아이의 말하는 내용과 패턴에 대해 관찰하고 이해해 봅니다. 아이의 말이 너무 많거나 너무 적진 않은지, 말이 너무 빨라지진 않은지 또 언제 말이 빨라지는지, 감정표현의 말은 적절히 하는지, 어휘가 풍부한지, 단조로운지, 문맥이 매끄럽게 연결되는지, 자신이 하고 싶은 말만 하고 듣기는 어려워하는지 등을 관찰합니다. 그동안 말더듬증상에 집중되어 놓친 부분은 없는지, 미처 생각해 보지 못했던 부분까지 관찰합니다. 또한 부모의 말 패턴과 유사한지도 생각해 보세요.

체크리스트를 통해서 내가 알아차리지 못했던 평소 자녀의 말과 행동에 대해 관찰하는 연습입니다.
✓ **판단하지 않고, 관찰만 해보세요. 관찰하는 동안에는 지적하지 않습니다.**

효과

- 습관적인 판단과 내 기준을 내려놓고 자녀의 말속에 숨어있는 자녀의 마음을 이해할 수 있습니다.
- 그동안 거슬렸던 자녀의 말이 부정적 해석을 내려놓으면서 있는 그대로 관찰할 수 있는 힘이 길러집니다.
- 말더듬으로 인한 부모의 스트레스를 감소할 수 있습니다.
- 관찰을 늘리면서 나도 모르게 했던 걱정의 말이나 잔소리를 줄일 수 있습니다.
- 아이의 말 패턴과 내 말의 패턴이 어떻게 닮아있는지 인식할 수 있습니다.

유창한 아이, 유연한 부모

자녀의 말 인식 체크리스트

3회기 | 자녀의 말 인식 최근 일주일 자녀에게 한 말을 생각해 보시고, 솔직하게 작성해 주세요.
(인식이 어렵다면 배우자나 자녀에게 물어보셔도 됩니다.)

✅ **자녀의 말 인식하기 체크리스트**

1	평소 나의 자녀의 말은 빠른 편인가, 느린 편인가	
2	평소 나의 자녀는 말이 많은 편인가, 말수가 적은 편인가	
3	내가 말하는 중에 내 말을 가로막고 자녀가 이야기를 한 적이 있는가	
4	평소 나의 자녀는 말을 하면서 한숨을 자주 쉬는가, 또는 호흡을 멈추는가	
5	평소 걱정의 말을 많이 하는 편인가	
6	말을 시작할 때 음절 및 단어를 반복하는가, 한다면 어떤 음절인가	
7	자신의 의견을 이야기할 때 억양이 고조되는가	
8	문장을 끝맺지 못하고 흐리는 편인가, 또는 끝 음을 길게 늘이면서 말하는가	
9	부연 설명이 많아지거나, 주제에서 벗어난 내용을 말할 때가 많은가	
10	인상을 찌푸리면서 말하고 있는가(부적절한 근육 움직임)	
11	말하고 싶지 않을 때는 그냥 침묵하는가	
12	말을 할 때 눈을 마주치지 않고 다른 곳을 보고 말하는가	
13	말을 시작할 때 음음,, 어어,,음~ 어~ 등의 간투사가 있는가	
14	평소 말할 때 하는 습관적인 몸짓은 어떤 것이 있는지 적어보세요.	
15	대화 시 습관적으로 하는 단어가 있다면 적어보세요.	
	🌼 위의 체크리스트를 하면서 느껴지는 생각과 감정을 적어보세요.	

4 회기 | 부모로써, 내가 느끼는 감정은?

♥ 부모의 자기 인식 : 감정

부모이기 전에 먼저 한 사람으로서의 자신을 인식해야 합니다. 완벽한 사람이 없듯이 완벽한 부모도 없습니다. 그리고 부모이기 전에 우리는 사람이라는 것을 기억해야 합니다. 부모로서 나 자신의 감정을 이해하는 시간은 꼭 필요합니다. 때로 나의 감정을 잘 모를 때, 알지만 조절하지 못할 때 원치 않는 말과 행동을 보이기도 합니다. 감정은 상황에 따라서, 나의 생각에 따라서, 나의 원하는 바에 따라서 달라집니다.
그렇기에 감정을 그저 신호로 알아차려 봅니다. 좋은 감정과 나쁜 감정을 구분하지 않습니다.
감정을 통해서 현재 내가 원하는 것이 무엇인지, 원하는 것이 어떻게 좌절되었는지 알 수 있습니다.

긍정적인 감정을 느끼려 애쓰지 않고, 부정적인 감정을 느끼지 않으려 애쓰지 않습니다. 모든 감정을 다 인식하고 받아들입니다. 또한 내 감정을 자녀에게 풀지 않습니다. 내 감정은 내가 책임진다는 마음으로 이번 한 주를 보내시기 바랍니다.

이번 회기는 부모의 감정을 체크하고 알아차려 보는 연습을 합니다.

감정이 중요한 이유
감정은 내가 무엇을 원하는지, 원치 않는지를 잘 알려줍니다. 그렇기에 감정은 현재 내 삶에 무엇이 중요한지를 알아차릴 수 있는 고마운 신호예요.

감정 인식의 필요성
감정을 잘 인식하고 알아차리는 연습은 내가 누구인지 알게 되며, 자신의 마음을 깊이 이해하게 됩니다. 나아가 내 가족과 타인의 감정을 편견 없이 있는 그대로 잘 인식할 수 있는 힘을 줍니다. 즉, 감정의 인식은 건강한 가족관계를 위한 소통의 첫걸음입니다.

효과
- 나의 감정을 알아차리고, 있는 그대로 나를 이해할 수 있습니다.
- 감정에 치우치지 않고 감정을 바라볼 수 있습니다.
- 내 감정에 책임을 지고 자녀의 감정과 분리할 수 있습니다.

유창한 아이, 유연한 부모

부모의 감정 인식하기 - 자기 관찰 2 | **4회기 | 감정목록표**

편안한	너그러운	행복한	기쁜	평온한	안도하는
재미있는	만족한	감사한	반가운	설레는	진정되는
호기심이 드는	재미있는	관심 가는	고마운	흡족한	든든한
긴장이 풀리는	감동하는	힘 나는	자신만만한	자랑스러운	다정한
두근거리는	수줍은	신나는	좋아하는	사랑스러운	기대되는
부러운	부끄러운	짜릿한	황홀한	뿌듯한	즐거운
애틋한	여유로운	희망에 찬	흥분되는	개운한	후련한
실망한	황당한	무서운	짜증 난	화난	비참한
수치스러운	괴로운	불안한	우울한	걱정되는	후회스러운
외로운	지겨운	답답한	속상한	막막한	심심한
혼란스러운	어색한	곤란한	미안한	원망스러운	억울한
마음이 아픈	아쉬운	부담스러운	망설여지는	조마조마한	미운
귀찮은	싫은	슬픈	지친	겁나는	두려운
놀란	얄미운	힘든	긴장되는	서운한	분한

📝 위의 감정목록표를 보고 평소 자주 사용하는 감정을 적어보세요. (최소 3가지 이상)
_____

✓ 아이가 말더듬을 하는 것을 볼 때, 나의 감정은 _____

✓ 아이가 원치 않은 행동을 할 때, 나의 감정은 _____

✓ 요즘 내가 가장 자주 느끼는 감정은 _____

   그 이유는, _____ 이다.

   그때 내가 원했던 것은, _____ 이다.

(💡 단, 평가하지 말고 알아차리기만 하세요!)

4 회기

부모의 감정 인식하기 - 자기 관찰 2

(💡 단, 평가하지 말고 알아차리기만 하세요.)

부모의 감정 관찰 일기

날짜	상황	감정	생각 / 행동
예시 3/2(화)	아침에 아이가 준비를 하지 않아 지각한 상황	답답한, 불안한	지각해서 혼날까 봐 걱정되어서 여러 번 아이에게 잔소리했다.

❁ 소감

5 회기 | 우리아이가 느끼는 감정은?

♥ 자녀의 감정 인식

나의 감정을 이해하고 수용하였으면, 이제 자녀의 감정을 이해하고 수용할 수 있습니다.
이번 연습을 통해, 아이의 감정을 나의 감정으로 가져오지 않고, 아이의 감정을 해결해 주려 애쓰지 않아야 한다는 점을 꼭 기억해 주세요.
나와 아이의 감정을 분리하는 연습을 할 수 있습니다.

💡 활용 팁!

한 주간, 자녀와 감정을 물어보고 대화할 때, 모든 감정을 다 느낄 수 있음을 편안하게 수용해 주시고,
- 아이가 긍정적인 감정만 선택하지 않도록 부모가 다양한 감정을 선택하는 것을 보여주세요.
- 아이의 감정을 들어준 뒤에는 부모님의 감정도 표현해 주세요.
- 감정과 행동을 분리해 주세요. 감정은 다 수용해주고, 인정해 주세요.
  단, 행동에는 책임을 지고, 옳고 그른 행동을 알려주세요.

감정이 중요한 이유

감정은 내가 무엇을 원하는지, 원치 않는지를 잘 알려줍니다. 그렇기에 감정은 현재 내 삶에 무엇이 중요한지를 알아차릴 수 있는 고마운 신호예요.

감정 인식의 필요성

감정을 잘 인식하고 알아차리는 연습은 내가 누구인지 알게 되며, 자신의 마음을 깊이 이해하게 됩니다. 나아가 내 가족과 타인의 감정을 편견 없이 있는 그대로 잘 인식할 수 있는 힘을 줍니다. 즉, 감정의 인식은 건강한 가족관계를 위한 소통의 첫걸음입니다.

효과

- 내 아이의 감정을 해결하려 애쓰지 않고, 있는 그대로 수용할 수 있습니다.
- 부모의 감정과 아이의 감정이 섞이지 않고 건강하게 분리할 수 있습니다.
- 내 아이의 감정에 관심을 가지고, 판단하지 않음으로 아이와 긍정적인 유대감을 형성할 수 있습니다.

유창한 아이, 유연한 부모

자녀의 감정 인식하기 - 관찰만 하기!   **5회기 | 감정목록표**

편안한	너그러운	행복한	기쁜	평온한	안도하는
재미있는	만족한	감사한	반가운	설레는	진정되는
호기심이 드는	재미있는	관심 가는	고마운	흡족한	든든한
긴장이 풀리는	감동하는	힘 나는	자신만만한	자랑스러운	다정한
두근거리는	수줍은	신나는	좋아하는	사랑스러운	기대되는
부러운	부끄러운	짜릿한	황홀한	뿌듯한	즐거운
애틋한	여유로운	희망에 찬	흥분되는	개운한	후련한
실망한	황당한	무서운	짜증 난	화난	비참한
수치스러운	괴로운	불안한	우울한	걱정되는	후회스러운
외로운	지겨운	답답한	속상한	막막한	심심한
혼란스러운	어색한	곤란한	미안한	원망스러운	억울한
마음이 아픈	아쉬운	부담스러운	망설여지는	조마조마한	미운
귀찮은	싫은	슬픈	지친	겁나는	두려운
놀란	얄미운	힘든	긴장되는	서운한	분한

✏️ 위의 감정목록표를 보고 나의 자녀가 평소 자주 사용하는 감정을 적어보세요. (부모가 관찰한 감정)
_____

✓ 나의 자녀가 행동을 제한받거나 거절을 당했을 때, 보이는 감정은?
_____

✓ 그 감정을 보고 느껴지는 나의 감정은 _____

✓ 최근 3일 동안 나의 자녀가 자주 보여주었던 감정은 _____
   그 감정을 보일 때, 자녀의 말과 행동은 어떠하였나요? _____

(💡 단, 평가하지 말고 알아차리기만 하세요!)

5 회기

자녀의 감정 인식하기 - 물어보기

매일 저녁 자녀와 대화해보세요. 앞의 감정목록표를 보고 선택하셔도 됩니다.
감정을 2가지 이상 고르고, 이유도 함께 말해 보세요.
아이 감정을 들어주신 후, 부모님의 감정도 표현해 주세요.

"오늘 너의 감정은 어땠어?"

날짜	시간 및 상황	자녀가 말한 감정	감정의 이유
예시 3/2(화)	저녁 식사 후, 과일을 먹으며, 즐거운 분위기에서	짜증 나는 / 설레는	- 오늘 체육시간에 피구를 했는데 우리 팀이 아쉽게 져서 짜증이 났다. - 내일 친구 생일파티에 초대를 받아서 기대되고 설렌다.

❋ 소감

유창한 아이, 유연한 부모

6 회기 | 부모로써, 아이를 대하는 나의 태도는?

♥ **부모의 자기 인식 – 부모의 태도**

💡 **나는 어떤 부모인가요?** 부모로서의 나의 태도를 점검해 봅니다.

평소 나의 태도를 점검해 보며 다시금 자신을 객관화할 수 있습니다.
긍정적인 표현을 많이 사용하는지, 부정적인 표현을 더 많이 사용하는지 생각해 봅니다.

- 자녀가 잘못했을 때 명확하게 알려주는지,
- 평소 충분한 설명을 해주는지,
- 나의 감정에 따라 태도가 달라지지 않는지,
- 목적을 가지고 성취를 느끼도록 기다려주고 가르치는지,
- 지나치게 허용적이지 않은지, 지나치게 통제하거나 엄격하게 대하지 않는지,
- 내가 살면서 결핍된 것을 나의 자녀에게서 채우려 하지 않는지,
- 내가 살아오면서 받은 상처를 대물림하고 있지 않은지...

우리는 부모로서 나의 태도를 되돌아볼 수 있습니다.

나의 태도를 인식하지 않고 자녀를 양육하게 되면,

자신에 대한 이해가 이루어지지 않아 때로 자녀에게 내가 원치 않는 태도를 보이기도 합니다.
나의 현재 모습과 나의 가치가 충돌할 때, 내가 해오던 미숙한 방식대로 문제를 해결하기도 합니다.
그렇게 되면 자녀를 양육하는 일이 점점 혼란스럽고 막막하게 느껴져 양육 스트레스가 높아지기도 합니다.
그래서 아이가 어떻게 자라길 바라는지, 나의 태도와 가치관을 이해하는 것이 필요합니다.
살아오면서 나도 모르게 정립된 나의 가치대로 우리는 자녀를 키웁니다.

✓ **나의 태도와 가치를 먼저 알아차리고** 적어보세요.

유창한 아이, 유연한 부모

부모의 태도 인식하기- 자기 관찰 3

6회기 | 부모의 태도 인식 나는 어떤 부모인가. 내가 인식하는 나의 태도를 체크해 보세요.

최근 한 달 내에 나의 태도를 생각해 보시고 솔직하게 문장으로 작성해 주세요.
(인식이 어렵다면 배우자나 자녀에게 물어보셔도 됩니다.)

✓	부모의 태도 인식하기 체크리스트	Tip 잘하고 있다고 생각된다면, 어떻게 하고 있는지 적어보세요. 잘하지 못한다고 생각된다면, 어떻게 하고 싶은지 적어보세요.
1	매일 자녀에게 적극적으로 애정을 표현하는가	
2	내가 자녀를 양육하면서 제일 중요하게 생각하는 것은 무엇인가	
3	훈육할 때 내 자녀가 나의 가르침을 잘 이해하는가	
4	훈육할 때 나의 감정을 잘 조절하는 편인가	
5	평소 자녀와 대화를 많이 하는 편인가	
6	평소 평가나 지시를 많이 하는 편인가	
7	자녀에게 삶의 자세나 태도에 대해 가르치고 있는가	
8	자녀에게 목표를 달성하는 것과 성취에 대해 강조하는 편인가	
9	나는 자녀의 실수에 엄격한 편인가, 허용적인 편인가	
10	지금까지 양육하면서 가장 후회되고 미안한 일은 무엇인가	
11	나의 태도를 인식하면서 떠오르는 생각과 감정을 적어보세요.	

6 회기

부모의 태도 인식하기- 자기 관찰 3 | **6회기 | 가치목록표**

부모로서 자녀가 살아가며 습득해야 할 중요하게 여기는 가치를 체크해 보세요.
자녀에게 꼭 가르쳐야 할 태도 가치가 있습니다.

안전	안정	성취	협력	조화
주도성	배려	성실	책임감	노력
열정	겸손	성공	양보	적극성
용기	인정	수용	변화	공감
경쟁	예의	신뢰	자존감	신중함
결단력	재미	자신감	용서	정직

 위의 태도 가치 중에서 자녀에게 꼭 가르치고 싶은 것을 3가지만 적어보세요

_____ , _____ , _____

✓ 그리고 왜 중요하게 생각하는지 이유를 적어보세요.
_____

✓ 위 세 가지를 위해 나는 아이에게 어떻게 가르치고 있는지 적어보세요.
_____
_____

부모의 태도 인식하기 - 자기 관찰 3 | 6회기 | 말더듬증상관련

나에게 있어, 말더듬에 대한 의미를 생각해보고 작성해 보세요.

✅ 부모의 태도 인식하기 체크리스트	Tip 최대한 솔직하게 작성해 보세요.
1	말더듬치료를 시작하게 된 결정적 계기는?	
2	나는 내 아이의 말더듬증상을 보면서 주로 떠오르는 생각은?	
3	나는 내 아이의 말더듬증상을 보면서 주로 떠오르는 감정은?	
4	말더듬부모교육을 통해 내가 얻고 싶은 것은?	
5	아이의 말더듬증상이 처음 나타났을 때 내가 보인 반응은? (언어적 반응과 비언어적 반응을 함께 적어주세요.)	
6	최근, 아이의 말더듬 증상에 내가 보인 반응은? (언어적 반응과 비언어적 반응을 함께 적어주세요.)	
7	현재까지 부모의 자기 인식을 하고 난 뒤의 소감은?	
8	나는 나의 자녀가 어떤 사람으로 성장하길 바라나요?	

🌼 가장 훌륭한 부모는 자기 인식이 높고, 노력하는 부모입니다.

7 회기 | 우리 아이 있는 그대로 바라보기

♥ 부모자녀소통1 - 비언어적 소통

지금까지 부모로서 자신을 이해를 하고, 인식하는 데 도움이 되셨나요?
자신을 이해하는 것만으로도 양육 태도를 수정하고 자녀와의 관계를 개선할 수 있습니다.

이제 자녀와의 긍정적이고 안정적인 관계를 재형성하기 위한 시작을 해보겠습니다.

한 주간 일정 시간, 매일 매일 자녀와의 눈 맞춤을 통해 그 어떤 판단과 지시, 지적, 가르침을 빼고, 온전한 사랑만을 전달하는 연습입니다.

즉, 부모로써 자녀에게 주어야 할 가장 중요한 온전한 사랑을 전달하고 자녀에게는 정서적 안정감을 줍니다. 그동안 가르치기 바빠서, 때로는 살기 바빠서 소홀했던 진심의 표현을 말이 아닌 눈으로 먼저 소통합니다.

✓ **이번 한 주간은 최대한 말을 줄입니다.**

효과

- 이번 회기의 핵심은 자녀가 부모로부터 받아야 할 무조건적인 사랑을 경험하는 것입니다.
- 부모는 온전한 사랑을 주는 대상이 되는 연습을 합니다.
- 자녀는 온전한 사랑을 받는 경험을 합니다. 이 경험을 통해 자녀는 정서적 안정감을 느끼며 자신이 얼마나 사랑스러운 존재인지를 알게 됩니다.
- 부모와 자녀의 관계가 새롭게 재형성되는 계기가 됩니다.

부모자녀소통1 | 7회기 | 나에게 아이는 어떤 존재인가요?

다소 생각이 잘 나지 않고 무거운 질문일 수 있지만, 내가 부모로써 내 아이를 어떻게 생각하고, 어떻게 대하는지를 인식할 수 있습니다.

가장 소중한 자녀를 소중하게 대하기 위해 나에게 아이는 어떤 존재인지 적어보세요.

 활용 팁!

자녀를 가져야겠다고 결심한 순간부터, 자녀를 낳고 행복한 마음, 어떤 부모가 되고 싶은지, 어떠한 사람으로 양육하고 싶은지 곰곰이 생각해 보면서 내 삶에 어떤 의미를 주는지 적어보세요.

나에게 우리 아이는~ (구체적으로 적을수록 좋아요)

 - 내가 아플 때 누구보다 나를 걱정해 주는 아이가 있어서 내가 사랑받고 있음을 느끼게 해주는 존재이다.
- 내가 살아가면서 지치고 힘들 때마다 더 바른 사람, 건강한 사람이 되어야겠다고 생각하게 해주는 존재이다.

유창한 아이, 유연한 부모

부모자녀소통1 - 관계재형성 **7회기 | 맑은 눈 바라보기**

❶ 활동방법

1) 아침 혹인 저녁에 알람을 맞춰 두고 서로의 눈을 바라보는 시간을 가집니다.
2) 서로 마주 보고, 아무 말 하지 않고 20초간 바라보기를 엄마와 아빠가 먼저 보여주세요.
3) 아이의 맑은 눈을 바라보며, 아무 말도 하지 않고 아이를 있는 그대로 바라보며 사랑하는 마음을 느껴보세요. (손을 잡고 하는 것도 좋습니다.)
4) 처음부터 원활하게 되지 않을 수도 있습니다.
   20초를 꼭 채우려는 것보다 잠시라도 멈추고 눈을 바라보는 것에 초점을 맞춰보세요.
5) 마지막에 안아주며 **"사랑해"** 라며 표현해 주면 더 좋아요. 반드시 소감을 적어보세요.

날짜	대상	시간	과정	느낌
예시 3/2(화)	아동과 모 아동과 부	20초	아침에 엄마가 아이에게 다가가 눈바라보기를 제안함.	느껴졌던 점을 편하게 써 보세요.

❀ 소감

8 회기 | 사랑의 마일리지 적립하기

♥ 부모자녀소통2 - 언어적, 비언어적 소통

사랑과 축복의 표현이 가장 많이 이루어져야 하는 곳이 가정입니다.

가장 사랑하고 소중한 대상인 나의 자녀에게 사랑의 표현을 얼마나 자주 하시나요?
또는 조건적으로 표현하진 않나요? 자녀가 나의 말을 잘 들으면 더욱 예뻐하고, 나를 힘들게 했을 때는 그렇지 않은 적은 없었나요?

내가 힘들고 바쁠 때, 놓쳤던 표현들을 떠올려봅니다.
막상 하려니 멋쩍고 익숙하지 않아 못했던 표현들을 매일 규칙적으로 표현해 보세요.
부모가 조금만 용기를 내면 우리 가족이 치유를 경험할 수 있습니다.

 이렇게 해보세요!

매일 긍정적인 말로 지지표현을 늘립니다.
- 아이의 능력보다는 태도에 초점을 맞춥니다.
- 결과보다는 과정에 초점을 맞춥니다.
- 부모의 평가보다는 아이가 느끼고 깨달은 부분에 초점을 맞춥니다.
- 아이의 존재 자체를 감사하고 기뻐하는 말을 전달합니다.

효과

- 자녀를 향한 부모의 일관성 있는 진심의 애정 표현은 자녀의 내면이 단단해지는 마음의 영양분이 됩니다.
- 이 영양분으로 나의 자녀가 평생을 살아가는데 자신을 사랑하는 힘을 가지며, 긍정적 자아상을 확립하게 됩니다.
- 나아가 타인과 긍정적인 관계를 맺는 기초가 될거예요.

 **활용 팁!**

혹시 생각나지 않으시거나 시작이 어려우시다면,
내가 아이를 가졌다는 사실을 알았을 때, 아이를 출산했을 때,
보기만 해도 사랑과 감동이 샘솟을 때, 아이가 아파서 내가 더 힘들었을 때 등
자녀와의 소중한 기억을 떠올리며, 나에게 아이는 어떤 존재인지 잠시 눈을 감고 생각해 보세요.

✓ **사랑의 마일리지 적립은, 평가나 칭찬이 아닌 사랑의 표현만 합니다.** ♥

유창한 아이, 유연한 부모

부모자녀소통2 - 사랑의 마일리지가 팡팡팡!   **8회기 | 사랑을 말과 행동으로 표현**

❶ 활동방법

1) 아침 혹은 저녁에 알람을 맞춰 두고, 사랑의 표현을 해줍니다.
2) 엄마와 아빠가 서로에게 먼저 표현하는 모습을 보여주세요.
3) 엄마가 먼저 아동에게 사랑의 표현을 합니다. (예시를 보고 행동과 말을 골라서 표현해 보세요.)
4) 아동도 예시 중 한 가지를 엄마에게 표현합니다.
5) 마지막에 안아주며 "사랑해"라며 표현해 주면 더 좋아요.

예시 표현	사랑의 행동 (스킨십)	사랑의 말
	- 안아주며 - 뽀뽀하며 - 어깨를 토닥거리며 - 윙크하기 - 코를 맞대고 비비며 - 사랑의 총알 날리기 - 엉덩이로 화이팅하며	- 너무 사랑스러워 - 멋지구나 - 니가 자랑스러워 - 용기있구나 - 고마워 - 노력하는 네가 멋져 - 너를 축복해

날짜	대상	긍정 표현	아이의 반응과 나의 느낌
예시 3/2(화)	아동과 모 아동과 부	아침에 엄마가 OO이에게 안아주며 너를 축복해라고 했다.	애정의 표현을 받았을 때의 나의 느낌이나 상대(아동, 부)의 반응이 어땠는지 써보세요. 부끄러웠다 또는 어색했다 힘이 났다 등

❁ 소감

9 회기 | 솔직하게 말해요

❤ 부모자녀소통3 - 언어적 소통

건강한 대화 소통은 충분히 듣고 충분히 수용하는 것에서 시작합니다.
이제 듣기 연습을 시작으로, 진솔하고 건강하게 대화하는 연습을 해보겠습니다.
매일 1분간, 자녀의 눈을 바라보며, 듣기만 합니다.
듣는 태도는 언어적인 반응은 최대한 줄이고, 비언어적인 반응을 늘립니다.
고개를 끄덕이거나, 살짝 미소를 지으며, '나는 너의 이야기를 잘 듣고 있어'라는 긍정의 메시지를 줍니다.

시간제한을 두고 가족구성원이 돌아가면서 대화하면서 충분히 듣고 충분히 말하는 연습을 할 수 있어요. 무엇보다 상대방의 말을 끊거나 부정적인 반응을 하지 않습니다!
또한 자녀가 말더듬을 보이더라도, 반응하지 않습니다.

가족 간 솔직한 감정을 표현해 봅니다. 부정적인 감정을 말할 수도 있어요.

어려서부터 자녀가 부모에게 부정적인 감정을 잘 표현하게 되면, 성장을 하여 사회에 나가서도 자신의 생각과 감정을 분명하게 표현할 수 있습니다.
특히 부탁과 거절 표현을 통해 자신이 진짜 원하는 것을 언어로 표현할 수 있고, 상대가 중요하게 생각하는 것이 무엇인지 알 수 있습니다.
때로 상대를 배려하느라, 용기가 나지 않아, 거절당하는 것이 두려워, 표현하지 못했던 부탁하기를 연습하고 내 마음도 알아차려 봅니다. 부탁은 상대가 얼마든지 거절해도 된다는 전제하에 대화해야 합니다.
거절을 수용하지 않는 부탁은 부탁이 아니라 강요가 되기 때문이죠.

부모도 아이에게 부탁을 할 수 있어야 합니다. 지시와 부탁을 구분하고 훈육을 해야 할 때는 부탁이 아닌 명확한 지시로, 평소 부모의 생각과 감정을 표현할 때는 부탁의 말로 부드럽게 표현합니다.

💡 활용 팁!

자녀의 이야기를 듣는 동안, 부정적 감정이 올라올 때는 잠시 멈추고, 내 감정을 먼저 알아차린 다음 천천히 호흡합니다. 그리고 '나는 이런 상황에서 답답한 감정이 생기는구나.'라고 속으로 자신과 이야기해 보며, 가족원들에게는 말하지 않습니다.

효과

- 떠오르는 생각이나 감정을 바로 표현하지 않고, 진짜 내가 원하는 것을 말할 수 있습니다.
- 상대가 원하는 것을 명확하게 알 수 있어 가족소통능력이 향상됩니다.
- 가족 간의 마음이 연결되며, 서로의 마음을 이해하고 수용할 수 있습니다.

유창한 아이, 유연한 부모

부모자녀소통3- 언어적 소통 | **9회기** | 듣기와 말하기 연습 / 부탁과 거절하기 연습

❶ 활동방법

 모래시계나 타이머를 사용하여, 1분의 시간제한을 두고, 자녀는 말을 하고 부모님은 듣습니다.
- 이야기 시작이 어려울 때는 아래 표에 제시된 주제 예시로 이야기 나눌 수 있습니다.
- 1분 듣기 말하기 연습이 끝나면, 불편한 말을 부탁으로 바꾸기 연습을 합니다. 한 번에 다 하지 않아도 됩니다.
- 용기내어 솔직하게 표현하되, 예의 있게 말합니다.
- 부탁의 말을 듣고, 얼마든지 거절할 수 있습니다. 단, 이유를 반드시 이야기합니다.
- 매일 저녁 또는 자기 전, 서로 편안한 상태에서 서로가 동의할 때 시작합니다.
- 이야기를 시작할 때는 "제가 이야기하겠습니다." 끝맺을 때는 "제 이야기를 마치겠습니다."라고 말합니다.

✓ 나이가 어린 순서대로 말하기를 시작합니다.

 다른 가족 구성원들은 말하는 사람을 보며, 고개를 끄덕이며, 긍정적인 비언어적 반응을 합니다.
절대 이야기에 끼어들거나 말을 끊지 않습니다. (가장 중요한 규칙!)

우리 가족 말하기 듣기 연습 (시간적 여유가 되시면, 아이의 말을 다 들은 뒤 부모님도 1분 말하기를 해봅니다.)		
말하기 주제 예시 (주제는 아동이 자유롭게 선택합니다.)	- 오늘의 날씨, 내가 좋아하는 날씨 - 내가 좋아하는 음식 - 내가 좋아하는 친구와 그 이유 - 우리 가족의 장점 - 기억에 남는 여행	- 내가 생각하는 나의 성격 - 좋아하는 게임에 대한 설명 - 우리 부모님의 직업 - 오늘 일과중 가장 재미있었던 일 - 가고 싶은 곳

명령 / 짜증 / 불편한 말을 부탁의 말로 바꾸기 연습 (아이가 부탁의 말로 바꾸는 것을 어려워하면, 부모가 도와줄 수 있습니다.)			
	엄마	제발 먹은 것 좀 치워!	- 엄마는 우리가 좀 더 깨끗한 환경에서 지냈으면 좋겠어. (엄마의 욕구표현) - 먹은 것은 바로 치워줄래? (부탁)
	형제 자매	엄마 잔소리 좀 그만해! 듣기 싫어!	- 엄마~ 나는 엄마가 좀 더 부드럽게 말해줬으면 좋겠어요. (부탁)

거절하기 연습	
Tip 거절할 때는, 명확하게 안 된다는 것을 말하고, 그 이유에 대해서도 말해야 하며, 나에게 지금 무엇이 더 중요한지 상대방에게 알립니다.	- 미안하지만, 난 그렇게 생각하지 않아. - 미안하지만, 지금은 그것을 해줄 수 없어. - 그 이유는, 지금은 시간이 없기 때문이야. - 지금은 그것보다 OO하는 것이 더 중요하기 때문이야.

10 회기 | 나는야 긍정소통 왕!

 긍정소통 선언문

부모와 자녀는 긍정선언문을 통해 서로를 지지하고, 앞으로 건강한 소통을 하고자 약속합니다.
온 가족이 소리 내어 함께 읽어주세요.

1) 나는 가족을 사랑하는 마음을 말과 행동으로 표현합니다.
2) 나는 나의 가족에게 내 감정을 솔직하게 표현합니다.
3) 나는 나의 가족의 감정을 존중합니다.
4) 나는 나의 가족에게 내 의견을 적극적으로 표현합니다.
5) 나는 나의 가족에게 부탁하고 거절할 수 있습니다.
6) 우리 가족은 서로의 말을 끊지 않고 끝까지 들어줍니다.
7) 우리 가족은 서로의 말을 비난하지 않고 들어줍니다.
8) 우리 가족은 서로의 기분을 물어보고 살핍니다.
9) 우리 가족은 지적보다는 칭찬을 더 많이 합니다.
10) 우리 가족은 상대의 잘못을 용서하고 이해합니다.

소감나누기

10회기 프로그램을 하면서 변화된 점이나 소감을 솔직하게 서로 이야기해 봅니다.
소감을 나누는 것은 나를 솔직하게 표현하여 나의 생각이 다시금 정리되고, 상대를 있는 그대로 이해하는 연습으로 서로 마음의 거리가 가까워지는 계기가 됩니다.
꼭 소감을 나눠보세요. ♥

> ✓ **이제 부모로써 나는 이렇게 달라졌어요!**
> - 아이의 걱정되는 모습, 문제행동에서 벗어나 아이의 장점에 집중할 수 있습니다.
> - 아이에게 미안했던 마음을 내려놓고, 부모로써의 자신감을 회복합니다.
> - 우리 가족의 긍정소통대화를 이끌어 가는 유연한 부모가 되었습니다.

 **그동안 열심히 실천한 나 자신을 먼저 칭찬합시다!**
서로를 이해하려는 작은 시도와 노력이 우리 가족의 소통능력을 향상시킵니다.
정말 고생많으셨습니다!

유창한 아이, 유연한 부모

10회기 | 우리 아이를 칭찬해요

① 활동방법

구체적인 일화나 사건을 생각하며 내 아이가 가진 긍정적인 성향이나 좋은 태도에 대해 자세히 작성해 주세요. 매일 한 가지씩 적어보세요.

주의할 점: 되도록 능력에 대한 칭찬은 피하시고, 과정에 대한 칭찬, 노력이나 태도에 대한 칭찬을 해주세요. 10회기 동안, 이 프로그램을 하면서 아이의 달라진 점을 칭찬하셔도 좋습니다.

💡 자녀의 장점을 구체적으로 칭찬해 주세요.

날짜	우리 _____이의 장점	그렇게 생각한 이유	이렇게 칭찬했어요!
예시 3/2(화)	우리 희린이는 다른 사람을 잘 도와준다.	하교하는 길, 지나가는 아주머니가 가방에서 물건을 떨어뜨렸는데 ○○이가 가서 같이 주워주는 모습을 보았다.	○○아 너는 다른 사람을 돕는 예쁜 마음을 가지고 있구나
🌼 소감			

말더듬 가정연계 프로그램

10 회기

10회기 | 부모인 나를 칭찬해요!

❶ 활동방법

구체적인 일화나 사건을 생각하며 내가 가진 긍정적인 성향이나 좋은 태도에 대해 자세히 작성해 주세요. 10회기 동안 이 프로그램을 하면서 달라진 점을 칭찬하셔도 좋습니다. 매일 한가지씩 적어보세요.

주의할 점: 되도록 능력에 대한 칭찬은 피하시고, 과정에 대한 칭찬, 노력이나 태도에 대한 칭찬을 해주세요.

💡 부모로써, 노력한 나 자신을 구체적으로 칭찬해 주세요.

날짜	나는 이런 좋은 면이 있어!	그렇게 생각한 이유	이렇게 칭찬했어요!
예시 3/2(화)	나는 포기하지 않고, 끝까지 최선을 다하는 장점이 있다.	중간중간 그만하고 싶고, 앓하고 싶은 날도 있었지만 그때마다 마음을 다잡고 힘을 냈다.	10회기 완주를 한 나 자신을 칭찬합니다.

🌸 소감

긍정 소통 왕

(이름) _____   (날짜) _____

위 부모님은 **10회기 동안 말 소통 프로그램**을 완주하여,
자녀의 성장 발달 및 가족의 건강한 소통을 위해
자신의 말과 태도를 점검하고 성실히 연습함으로,
우리 가족 소통능력 향상에 큰 기여를 하였기에
이 상장을 수여함.

유창한 아이, 유연한 부모 | 말더듬 직접치료 프로그램 & 가정연계 부모교육 프로그램

저자소개

김보영
희린아동청소년 발달센터 원장

언어치료사로 아이들을 만나며 교재교구를 개발하고 있습니다.

- 인스타그램 희린출판사 @hrcenter_store / 희린아동청소년발달센터 @heerincenter
- 블로그 blog.naver.com/boyeong0904

최지원
희린아동청소년발달센터 부원장

아동상담전문가 및 부모교육 전문가로 교재교구를 개발하고 있습니다.

- 인스타그램 @maumssam.j621